知的生きかた文庫

JN080443

執権　北条義時

近藤成一

三笠書房

北条氏の故郷

「北条」の名前は伊豆国《いずのくに》田方郡《たがたぐん》北条（現在の静岡県伊豆の国市寺家《じけ》）に由来する。当時の武士は住んでいる地名を苗字にすることが多かったようだ。

伊豆の北条氏亭跡（円成寺跡）

西伊豆の豪族であった北条氏の舘《たて》跡。北条氏の滅亡後、北条高時の母覚海円成がこの地に円成寺を建立し、一門を供養した。後には堀越公方足利政知の御所にも用いられた（提供：伊豆の国市）

北条政子像（所蔵：安養院）

源頼朝像（所蔵：甲斐善光寺）

北条義時《よしとき》の姉政子《まさこ》は、伊豆で流人《るにん》生活を送っていた源頼朝《みなもとのよりとも》と結婚。北条氏隆盛のきっかけとなった

北条寺

伊豆の国市南江間《みなみえま》にある北条寺は義時の創建と伝えられる。江間は義時の所領で、義時は「江間小四郎」の名でも呼ばれた

激戦になった「和田合戦《わだかっせん》」

鎌倉幕府の宿老《しゆくろう》和田《わだ》義盛《よしもり》は、泉《いずみ》親衡《ちかひら》の乱に対する処置に不満を持って挙兵。丸2日間にわたり拮抗《きっこう》した戦いが続くが、最後は将軍を擁した義時に軍配が挙がった。

(上)和田合戦義秀《よしひで》惣門《そうもん》押破
和田合戦で、朝夷名義秀《あさひなよしひで》が門を破る場面を描いた浮世絵。右で采配を振るう武将が北条泰時(所蔵:国立国会図書館)

(左)大倉幕府跡
頼朝、頼家《よりいえ》、実朝《さねとも》の将軍3代が政務をとった大倉《おおくら》幕府跡。和田合戦では火を放たれ、実朝は頼朝墓所の法華堂《ほっけどう》に避難した

(下)和田合戦図屏風(部分)
和田方は将軍御所南門、北条義時亭の西門・北門の三手に分かれて攻撃した(所蔵:都城市立美術館)

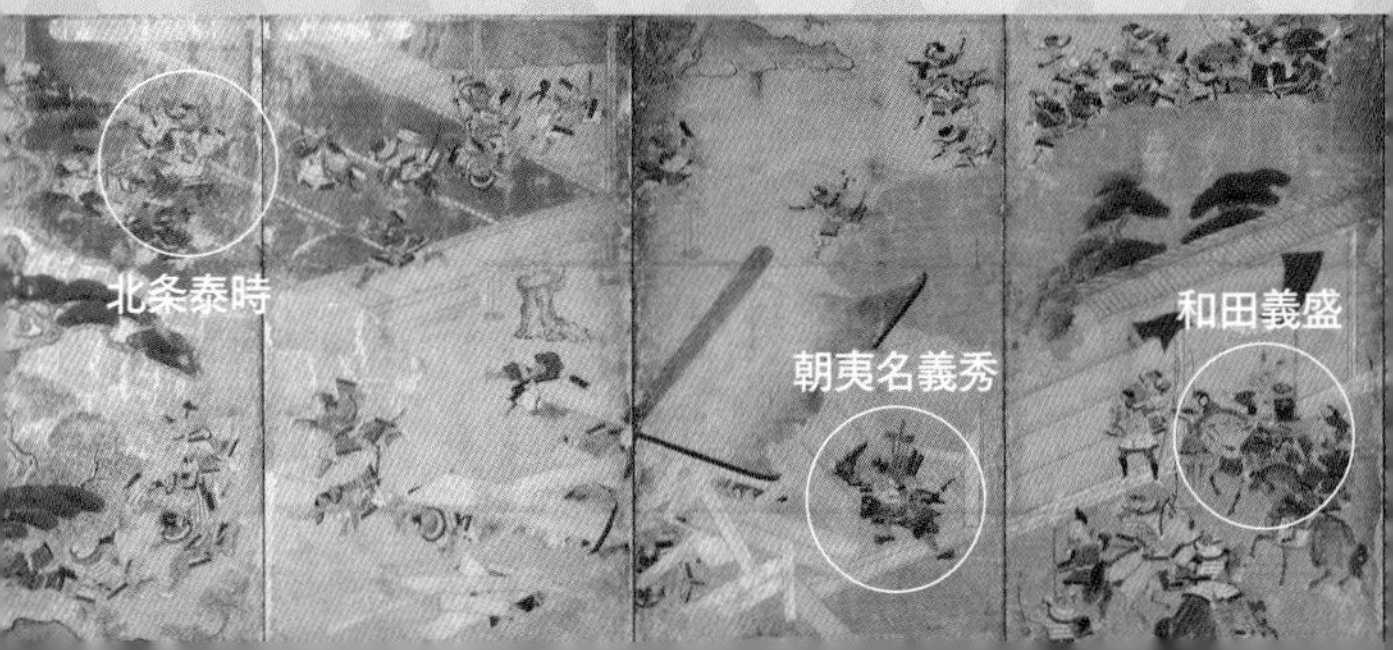

源氏の断絶を引き起こした「将軍実朝《さねとも》の暗殺」

和田合戦から6年後、将軍実朝が鶴岡八幡宮で甥の公暁《くぎょう》に暗殺される。源氏の将軍は3代で絶え、鎌倉幕府は創設以来最大の危機に陥った。

美談武者八景《びだんむしやはっけい》　鶴岡の暮雪《ぼせつ》

月岡芳年《つきおかよしとし》が描いた浮世絵。公暁は2代将軍頼家の遺児で実朝を父の敵《かたき》として襲った。事件の背景は諸説語られ、北条義時や三浦義村を黒幕とする説もある（所蔵：鶴岡八幡宮）

鶴岡八幡宮
公暁が身を隠したと伝わる大銀杏は2010年に倒伏したが、残った根から若木が再生している（提供：鶴岡八幡宮）

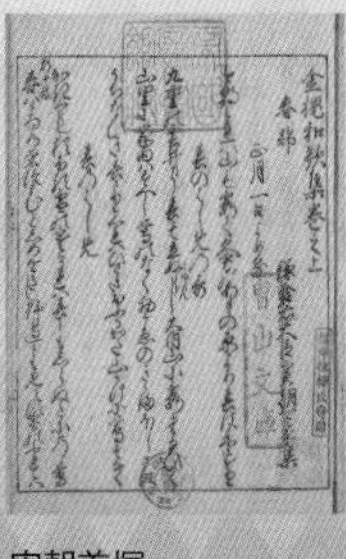
金槐和歌集巻之上
春部

実朝の家集「金槐《きんかい》和《わ》歌集《かしゅう》」

実朝の歌を集めた和歌集。「金」は「鎌倉」の「鎌」の偏、「槐」は大臣を指し、「金槐」は「鎌倉右大臣」の意味である（所蔵：国立国会図書館）

実朝首塚

神奈川県秦野市《はだのし》にある首塚。公暁は三浦義村に討たれたが、公暁が抱えていた実朝の首は義村の家臣武常晴《たけつねはる》が拾い上げ、波多野《はたの》氏を頼ってこの地に葬られたと伝えられる

幕府が朝廷を破った「承久《じょうきゅう》の乱」

実朝暗殺後、義時が幕府の政務を奉行することに不快感を持った後鳥羽《ごとば》上《じょう》皇《こう》が、御家人を含む全国の武士に義時の追討を命令。承久の乱が起こった。

宇治川の先陣争い

『平家物語』で描かれる宇治川先陣争いは、承久の乱での出来事をベースにして描かれたものといわれる（所蔵：高野山龍光院、提供：高野山霊宝館）

後鳥羽上皇

（模写、所蔵：東京大学史料編纂所）

「承久の乱」を描いた唯一の絵巻
長らく行方不明となっていたが約80年ぶりに発見された（所蔵：高野山龍光院、提供：高野山霊宝館）

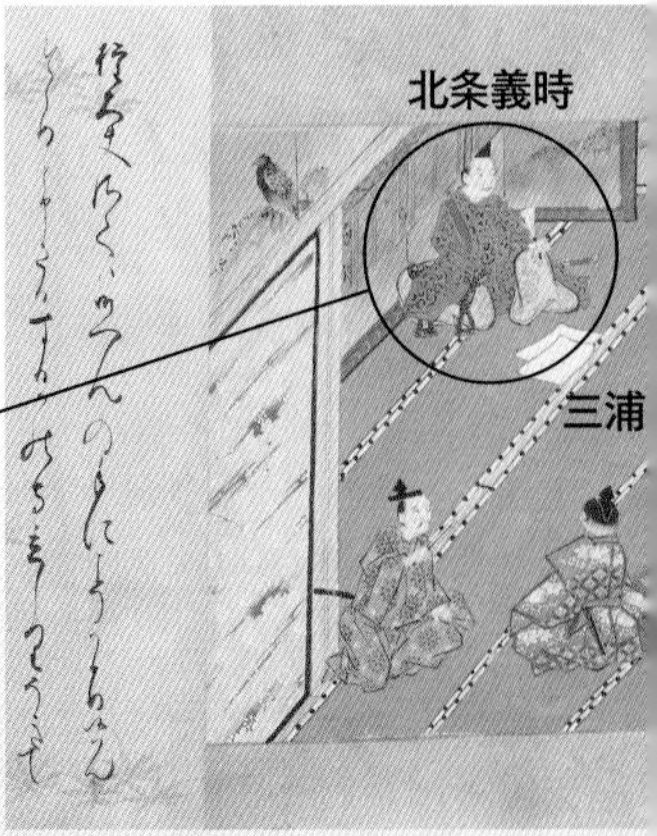

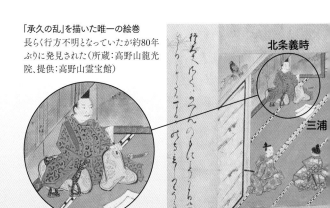

北条氏が三島《みしま》社《しゃ》に奉納した太刀《たち》

伊豆で挙兵した源頼朝が戦勝祈願を行った三島社は、鎌倉時代を通じて鶴岡八幡宮、二所権現《にしょごんげん》（伊豆権現と箱根権現）と並んで幕府から崇敬の対象とされた

三鱗紋兵庫鎖太刀《みつうろこもんひょうごぐさりのたち》（北条太刀）

北条氏が奉納したと伝わることから北条太刀と呼ばれている。拵《こしら》えには北条氏の家紋「三鱗紋《みつうろこもん》」があしらわれ、刀身《とうしん》に銘《めい》が刻まれていないものの、その作風から鎌倉時代を代表する刀工集団「福岡一文字派《ふくおかいちもんじは》」の作品と考えられている（所蔵：東京国立博物館／ColBase）

プロローグ――5つの危機から見る義時の生涯

『古今著聞集《ここんちょもんじゅう》』（巻一）に次のような説話がおさめられている。

ある人が石清水《いわしみず》八幡宮《はちまんぐう》に参籠《さんろう》した晩に、夢を見たという。御殿《ごてん》の戸が開いて、まことに気高き声で、「武内《たけのうち》」と呼ばれたところ、それに答えて御前《ごぜん》にかしこまった者がいた。

その姿を見ると、かなりの高齢で白髪、鬚《ひげ》は長く伸び、座ると地面に着くほどであった。御殿のなかから先ほどと同じ声で、「世の中が乱れようとしている。しばらく時政《ときまさ》の子となって、世を治《おさ》めよ」と仰《おお》せられた。武内がかしこみうけたまわったところで目が覚めた。

このことをよく考えてみると、義時朝臣《よしときあそん》は、武内宿祢《たけのうちのすくね》の後身であろうか。『古今著聞集』は建長6年（1254）に成立したものであるから、その頃こういう説話が語られていたことになる。

武内宿祢は伝承上の人物であるが、景行《けいこう》、成務《せいむ》、仲哀《ちゅうあい》、神功《じんぐう》皇后、応神《おうじん》、仁徳《にんとく》の6代、280余年仕えた理想の大臣とされていた。八幡神《はちまんしん》が乱世を治めさせるために武内宿祢を時政の子としてよみがえらせた、というのがこの説話の語るところである。

北条義時の身体を借りてよみがえったとされる武内宿祢は、帝王本人ではなく帝王を後見《こうけん》する者の理想像であった。義時は鎌倉幕府の将軍ではなく、将軍を後見する執《しっ》権《けん》であったが、この説話が成立した当時、政治は幕府の執権が主導していると認識されていたのであろう。

執権政治というけれども、鎌倉時代の途中で将軍がいなくなったわけではない。鎌倉時代の約150年間には9人の将軍が在職している。しかし将軍9代というのは、源頼朝とその2人の子の3代、摂関家《せっかんけ》出身の2代、後嵯峨上皇《ごさがじょうこう》の皇子とその子の2代、後深草《ごふかくさ》上皇の皇子とその子の2代を合わせたもので、4つの家が交代したものである（次ページ図）。

将軍系図

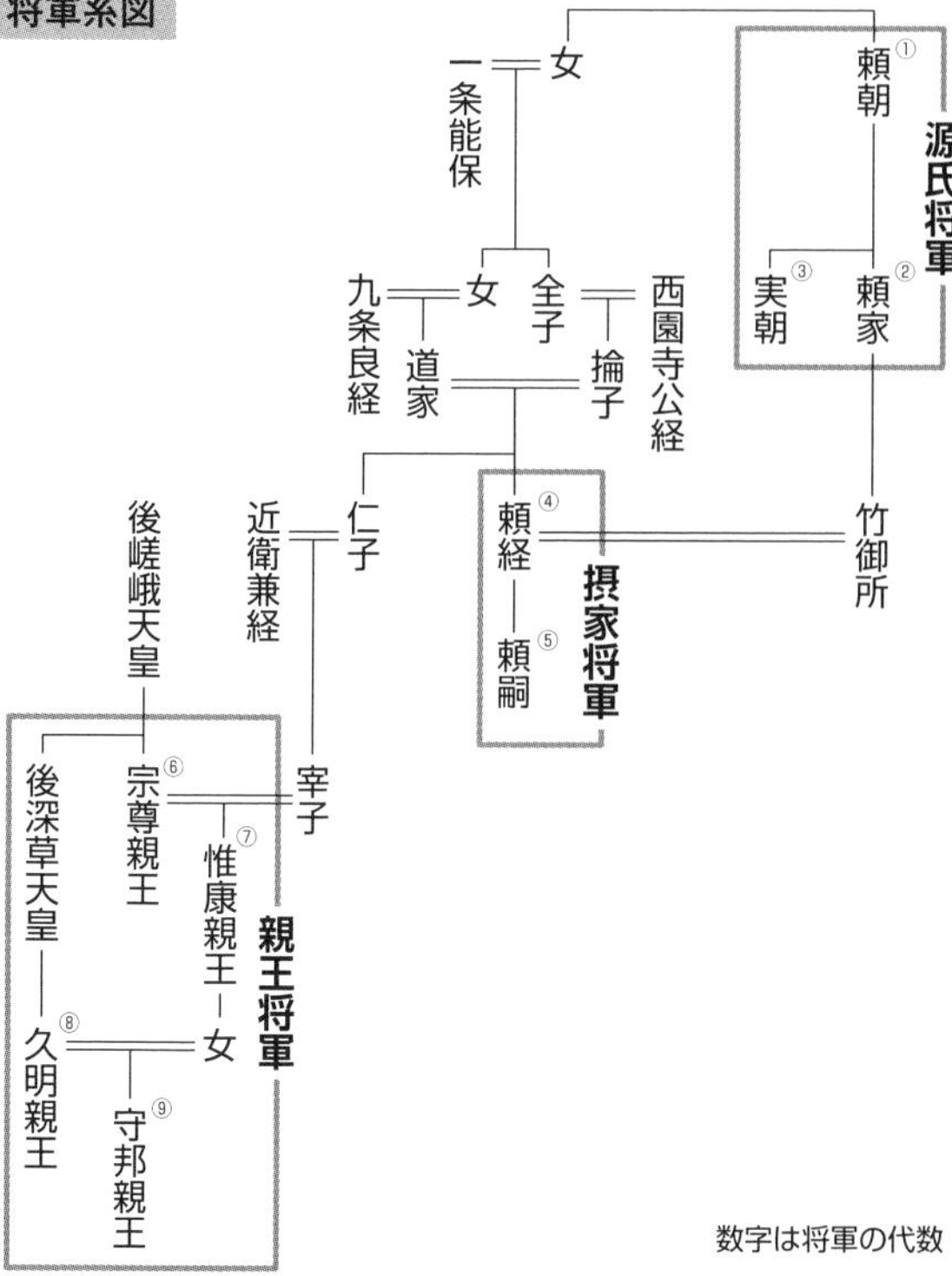

数字は将軍の代数

しかも世襲はそれぞれの家で二世代しか続いていない。そもそも頼朝以外の8人の将軍は更迭《こうてつ》されるか、さもなくば暗殺されて次の将軍と交代していた。

それに対して、北条氏のほうは初代の時政から第9代の高時《たかとき》まで直系でつながっており、義時は第2代に当たる（次ページ図）。北条氏は執権の地位を足掛かりにして幕府の実権を掌握した。北条氏が執権の地位に就いた起源をたどれば時政に行き着くが、それがそのまま安定して世襲されたわけではない。

執権政治の成立過程において、義時はどのような役割を果たしたのか。そもそも義時は執権政治を建設する意図を持ち、その意図をその通りに実現したのか。それとも義時が様々な危機に直面し、それに対応するなかで、結果として執権政治が形成されてきたのか。

本書においては、後者の見方を採り、義時の生涯における5つの危機を取り上げ、義時がそれにどう対応したのかを考えていくことにしたい。

執権系図

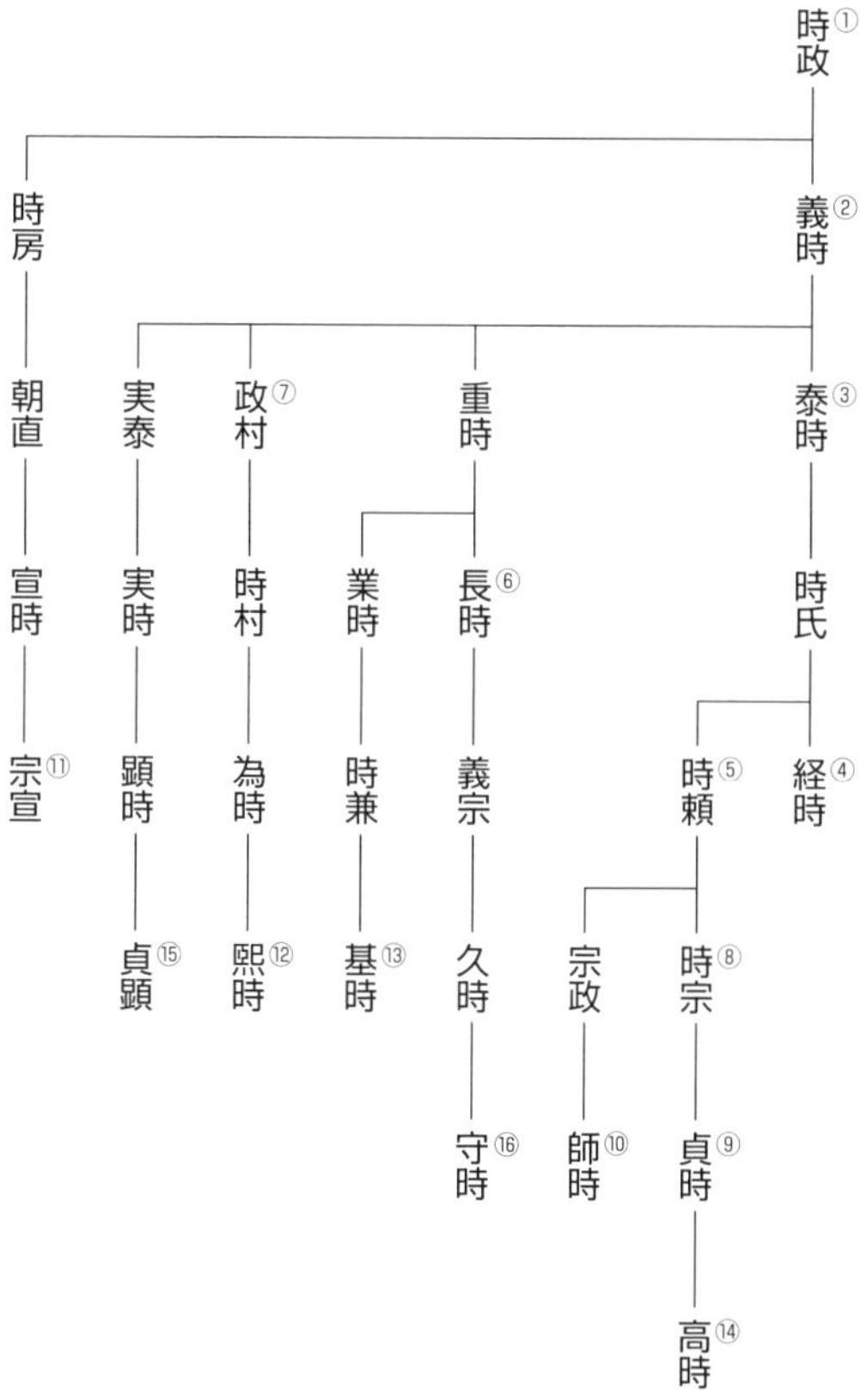

数字は執権の代数

執権　北条義時　目次

第1章 牧氏の変――親子の危機

第2章 和田の乱——宿老間の危機

第3章 実朝暗殺——将軍継承の危機

第4章 承久の乱――朝幕関係の危機

第5章 伊賀氏の変――身内の危機

◆**巻末付録** 199

章扉イラスト◎茂本ヒデキチ
編集協力◎かみゆ歴史編集部（滝沢弘康、丹羽篤志）
図版作成◎株式会社ウエイド（山岸全、渡辺信吾）

第1章

牧氏の変
――親子の危機

1 義時の前半生

元久《げんきゅう》2年（1205）閏《うるう》7月19日、将軍源実朝《さねとも》を除き、平賀《ひらが》朝雅《ともまさ》を新たに将軍に立てる陰謀が発覚した。

陰謀の主は北条時政の後室《こうしつ》牧《まき》の方《かた》。朝雅は信濃《しなの》源氏《げんじ》平賀義信《よしのぶ》の子であるが、母は頼朝の乳母《めのと》比《ひ》企尼《きのあま》の三女である。三女ははじめ伊豆（静岡県）の伊《い》東祐清《とうすけきよ》の妻となったが、祐清が平氏に加わり、平維盛《これもり》と木曽《きそ》義仲《よしなか》が戦った北陸道合戦に於《お》いて討ち取られ、その後に義信に再嫁したという。

北陸道合戦は寿永《じゅえい》2年（1183）であるが、三女は前年に生まれた頼家《よりいえ》（実朝の兄で2代将軍）の乳母になっているから、三女の再嫁は、祐清が平氏に加わるために東国から出奔した治承《じしょう》4年（1180）ないしは養和《ようわ》2年（1181）にさかのぼるかもしれない（祐清出奔の時期について『吾妻鏡《あずまかがみ》』は両説を載せる）。

平賀朝雅関係系図

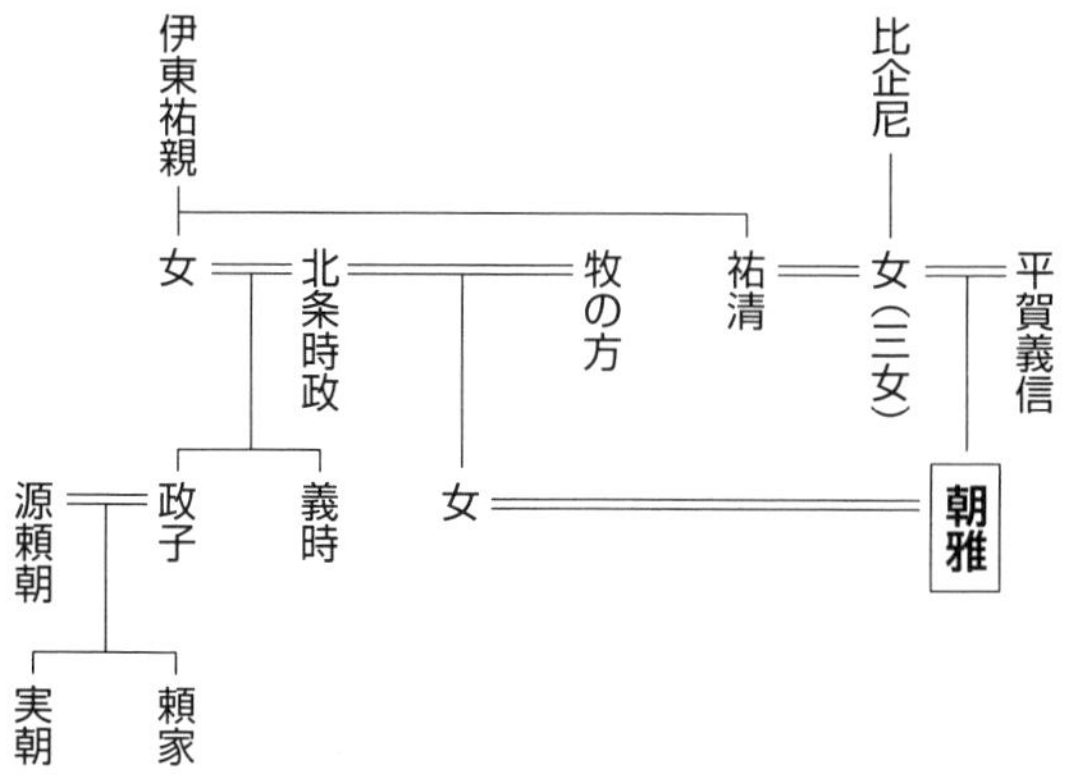

朝雅の母が頼家の乳母であるならば、朝雅と頼家は乳兄弟《ちきょうだい》ということになり、ほぼ同年であろう。元久2年での朝雅の年齢は24歳前後、時政・牧の方夫妻の女婿《じょせい》となっており、当時は京都守護として在京中であった。京都守護とは、幕府の出先として京都に駐在する役職である。

この陰謀に対して、時政の先妻の子に当たる政子《まさこ》・義時の姉弟は時政・牧の方と対立する決断をした。政子は鎌倉幕府を創設した源頼朝の御台所《みだいどころ》にして現将軍実朝の母である。当時、将軍実朝は時政亭《てい》（屋敷）を御所《ごしょ》としていたが、陰謀を知った政子は、長沼宗政《ながぬまむねまさ》・結城朝光《ゆうきともみつ》・三《み》浦義村《うらよしむら》・同胤義《たねよし》・天野政景《あまのまさかげ》等を遣《つか》わして実朝を迎え取り、義時亭に移した。
それにより時政が集めていた武士はことごとく義時亭に移り、実朝を守護した。時政は計画の破れたことを悟り、同日丑《うし》の刻《こく》（午前2時頃であるが、現代風に言えば26時、一日の終わりの深夜である）に出家した。

日が変わって20日の辰《たつ》の刻（午前8時頃）、時政入道は伊豆《いず》国北条郡に向けて出立し、義時が執権のことをうけたまわることになった。

「執権のことをうけたまわる」というのは『吾妻鏡』にそう書かれているのであるが、『吾妻鏡』は日記のかたちで書かれているけれども、この時から数十年後にまとめられたものであるから、まとめられた時点での認識が反映している。

『吾妻鏡』がまとめられた頃には、義時の子孫が世襲する職が執権と認識されていたであろうが、執権とはもともと家政《かせい》を取り仕切る職を指す語である。よって、この日、義時が執権に就任したと言ってしまうとやや語弊《ごへい》があり、義時が時政に代わって将軍家の家政を取り仕切ることになったというのが当時の感覚に近い表現であろう。

時に義時は43歳、奇《く》しくも父時政が頼朝を擁《よう》して東国に自立の兵を挙げた時の年齢と同じであった。

頼朝、兵を挙げる

これをさかのぼること25年前の治承《じしょう》4年（1180）、頼朝は伊豆国の流人《るにん》の身でありながら、時政の女婿となり北条館を居所としていた。この年の以仁王《もちひとおう》事件によって伊豆の知行《ちぎょう》国主《こくしゅ》が源頼政《よりまさ》から平時忠《たいらのときただ》に代わり、新たな目代《もくだい》（主人に代わって現地で職務をとる代官）に平（山木《やまき》）兼隆《かねたか》が就任したが、兼隆が入った山木館は北条館の近隣にあった。

8月17日の深夜、時政は山木館を襲撃して兼隆を討ち、19日に頼朝は兼隆とともに伊豆の目代の任にあった中原知親《なかはらのともちか》の職務停止を命じる文書を発出した。『吾妻鏡』は「これ関東のこと施行の始まりなり」と記している。ここに頼朝の関東支配をめざす行動が始まった。

20日に頼朝が近侍《きんじ》する家人《けにん》（家来）とともに相模《さがみ》国（神奈川県）土肥《どひ》郷に移ったの

関東には頼朝の父義朝に従った武士が多くいたが、平治の乱後は平氏に従った者が多く、頼朝の挙兵に対しては平氏に従い、頼朝と闘う者が多かった

は、平宗盛の知行国であった隣国駿河《するが》（静岡県）の軍勢の襲撃を避けるためであったと思われる。

相模国では西の中村一族と東の三浦一族が同盟しており、三浦党の岡崎義実《おかざきよしざね》は中村宗平《むねひら》の女婿であった。そして中村党の土肥実平と岡崎義実は頼朝に伺候《しこう》していた。また三浦党は海を隔てて上総《かずさ》（千葉県）の上総広常《ひろつね》とも同盟していた。

頼朝は中村・三浦・上総の同盟に頼ることで活路を開こうとしたのであろう。

頼朝軍300騎は23日の寅《とら》の刻（午前4時頃）に石橋山に陣を置いた。義時もまた、父時政、兄宗時《むねとき》、同族の時定《ときさだ》らとともにこれに加わっていた。

対して相模の住人大庭景親《おおばかげちか》は、頼朝軍を制圧するために、平家被官《ひかん》の輩《ともがら》3000余騎を率い、谷を隔てて陣を置き、伊豆の住人伊東祐親《すけちか》が300余騎を率いて頼朝軍の後ろの山に陣を置いた。雨のなか、日の暮れる頃から戦闘が始まり、夜通し続いて、頼朝軍は敗退した。

時政・義時と宗時は別行動をとることとし、時政・義時は箱根湯坂を経て甲斐《かい》（山梨県）に向かったが、宗時は土肥山から桑原に下り平井郷を経たところ、早川のあた

石橋山の戦いの進軍図

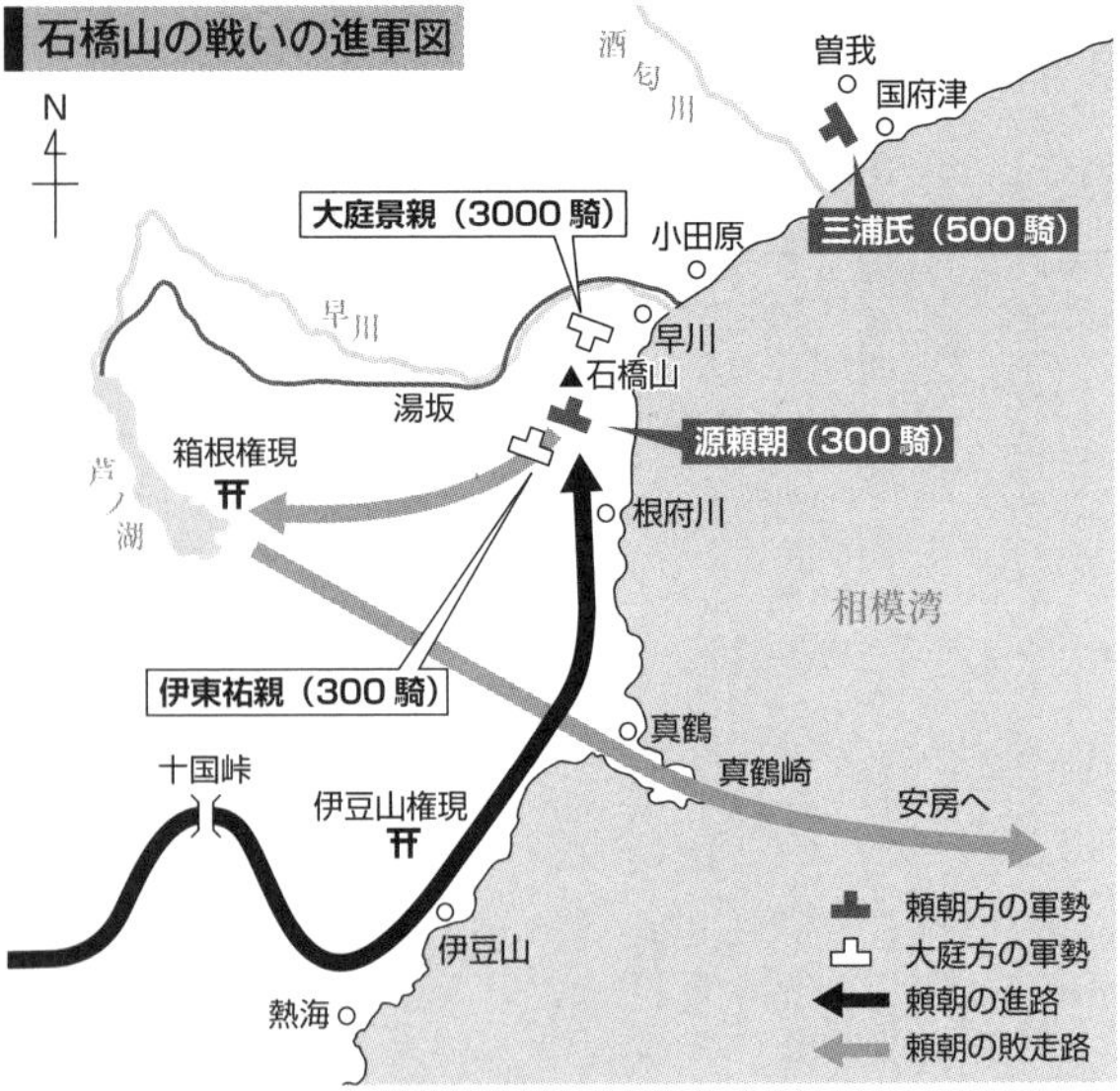

相模湾を一望できる石橋山に陣を敷いた頼朝だったが、大庭景親と伊東祐親に挟撃されて敗走。山中を逃げ回った後、土肥実平が用意した小舟で、真鶴崎から離脱した

りで祐親の軍兵に囲まれ、平井久重《ひさしげ》に討たれた。

頼朝は、一旦箱根山に逃げ込んだ後、土肥郷の真鶴《まなづる》崎から船で安房《あわ》（千葉県）に渡って再起を図り、安房・上総・下総《しもうさ》（千葉・茨城県）・武蔵《むさし》（東京・神奈川・埼玉県）を経て、順次軍勢を加えて10月6日、相模に入った。10月15日に頼朝は鎌倉に入るが、頼朝を謀反人として追討《ついとう》するこ

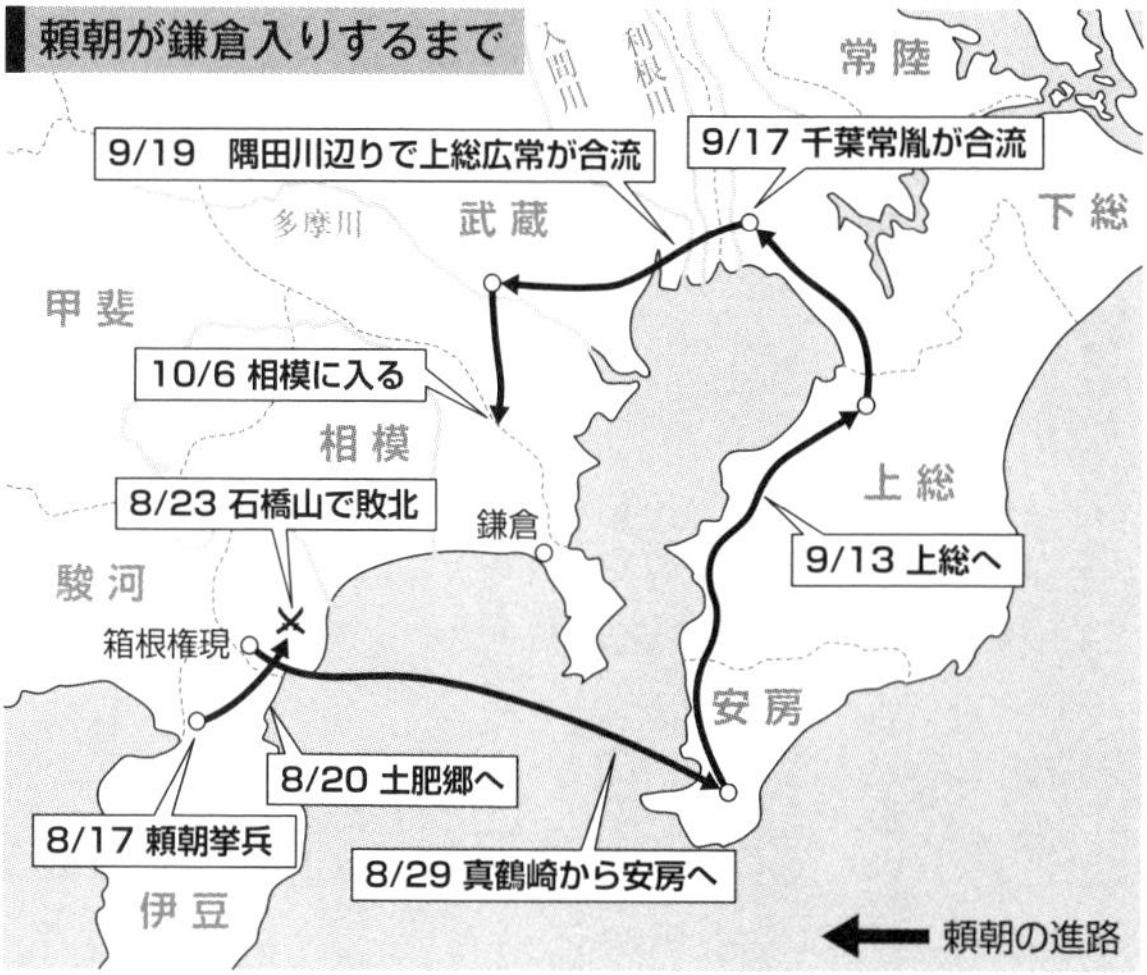

石橋山での敗戦後、安房に上陸した頼朝一行は数十人しかいなかった。しかし北上しながら味方を募り、わずか2カ月足らずで南関東を支配下に置くことに成功する

とを朝廷から命じられた平《たいらの》維盛《これもり》の軍勢を迎え撃つため、鎌倉では一夜を過ごしたのみで、黄瀬川《きせがわ》まで軍を進めた。黄瀬川は伊豆と駿河の国境にあたる。

一方、時政・義時父子は甲斐に逃れて甲斐源氏武田《たけだ》信《のぶ》義《よし》・安田《やすだ》義定《よしさだ》等の軍勢に加わった（『吾妻鏡』は時政が一旦安房に渡った後に甲斐に向かったと記すが、本書は『吾妻鏡』の説は採らず、石橋山から直接甲斐に逃れたと考える)。

平宗盛《むねもり》の知行国である駿河の目代 橘 遠茂《たちばなのとおもち》は甲斐源氏討伐に向かったが、信義・義定等はこれを迎え撃つため、富士山の北麓を通る若彦路《わかひこみち》を越えて神野《かみの》・春田路《はるたみち》を経て鉢田《はちた》に至り、ここで駿河勢を破り、遠茂以下80余人を梟首《きょうしゅ》した。

10月18日に平維盛率いる追討軍は富士川の西岸に到ったが、駿河勢の敗退によって追討軍から脱落する者が相次ぎ、残った軍勢は1000~2000騎に過ぎず、甲斐源氏4万余と対峙することは叶わず、撤退した。同日、甲斐源氏は黄瀬川にて頼朝軍と参会したが、時政・義時の父子もこれに加わっていた。

追討軍が撤退した後、頼朝の軍勢は常陸《ひたち》(茨城県)に向かい、佐竹《さたけ》氏を攻撃した。

これにより頼朝の覇権は関東全域に及ぶことになり、鎌倉に凱旋した頼朝は12月12日に大倉郷《おおくらごう》(鎌倉市)に新造された御所に入った。

『吾妻鏡』は上総広常の宅から新御所に向かう行列について、水干《すいかん》・騎馬の頼朝の前に和田義盛《わだよしもり》、左に小笠原長清《おがさわらながきよ》、右に毛呂季光《もろすえみつ》、後ろに北条時政、同義時、足利義兼《あしかがよしかね》、山名義範《やまなよしのり》、千葉常胤《つねたね》、同胤正《たねまさ》、同胤頼《たねより》、安達盛長《あだちもりなが》、土肥実平、岡崎義実、工藤景光《くどうかげみつ》、宇佐美祐茂《うさみすけもち》、土屋宗遠《つちやむねとお》、佐々木定綱《ささきさだつな》、同盛綱《もりつな》以下が続き、最末を畠山重忠《はたけやましげただ》が務めたと記している。

『吾妻鏡』はまた、治承5年4月に、御家人のうち弓箭《きゅうせん》に秀《ひい》で気の置けない者を選んで、毎夜頼朝の寝所の近辺に伺候することを定めたとして、11人の名を記している。北条義時、下河辺行平《しもこうべゆきひら》、結城朝光《ゆうきともみつ》、和田義茂《よしもち》、梶原景季《かじわらかげすえ》、宇佐美実政《さねまさ》、榛谷重朝《はんがやしげとも》、葛西清重《かさいきよしげ》、佐原義連《さわらよしつら》、千葉胤正、八田知重《はったともしげ》である。

このうち年齢がわかる者をあげると、義時19歳、朝光14歳、景季20歳、義連56歳、胤正40歳（異説では46歳）であるから、必ずしも若者中心に選ばれたとはいえないが、朝光の兄小山朝政《おやまともまさ》、義茂の兄義盛、景季の父景時《かげとき》、重朝の父小山田有重《おやまだありしげ》、義連の兄三浦義澄、胤正の父常胤、知重の父知家《ともいえ》が現役であるから、家長《かちょう》以外の者が選ばれたようではある。そのため北条氏からは家長時政ではなく、義時が務めることになったのであろう。

頼朝の寝所に伺候する者

北条義時	19歳。時政の子、政子の弟。
下河辺行平	下野小山氏と同族、朝政の従兄弟。
結城朝光	14歳。頼朝の乳母である寒河尼の子。 小山朝政の弟。
和田義茂	相模三浦氏と同族、和田義盛の弟。
梶原景季	20歳。相模鎌倉氏と同族、梶原景時の子。
宇佐美実政	伊豆の住人。石橋山合戦に加わる。
榛谷重朝	武蔵秩父氏と同族、小山田有重の子、 稲毛重成の弟。
葛西清重	武蔵秩父氏と同族、武蔵来臨の頼朝軍に 加わる。
佐原義連	56歳。相模三浦氏と同族、三浦義純の弟。
千葉胤正	40歳（異説 46歳）。千葉常胤の子。
八田知重	八田知家の子、寒河尼の甥。

時政に同調せず頼朝に褒められる

京都では治承5年（1181）が養和《ようわ》元年に、養和2年（1182）が寿永元年に改元されたが、頼朝は安徳天皇のもとでの改元に従わず治承年号を使いつづけた。

その治承6年の冬に頼朝と時政が不和になることがあった。

事の発端は、頼朝が寵愛する妾女亀前《しょうじょかめのまえ》を伏見《ふしみ》広綱《ひろつな》が飯島《いいじま》（神奈川県逗子市）の家に隠しているのを牧《まき》の方《かた》（時政の継室）が政子に知らせたことであった。政子はこれを憤り、牧三郎《まきさぶろう》に命じて広綱の家を破却させた。

牧三郎は牧の方の兄弟である（『吾妻鏡』は牧三郎宗親《むねちか》と記すが、宗親は牧の方の父の名であるので、牧三郎の名を宗親とするのは錯誤によるものであろう）。広綱は亀前を連れて大多和《おおたわ》義久《よしひさ》の鐙摺《あぶずり》（神奈川県三浦郡葉山町）の家に逃れた。

2日後、頼朝は遊興と称して義久の鐙摺の家に赴き、牧三郎を伴った。広綱に一昨日の事件を報告させ、牧三郎は面《おもて》を地面に垂れて陳謝したが、頼朝は鬱念《うつねん》のあまり手ずから牧三郎の髻《もとどり》を切った。三郎は泣いて逃れた。髻を切られるのは面目を失う恥辱なのである。

さらに2日後、頼朝は鎌倉に還《かえ》ったが、時政はにわかに伊豆に出発した。牧三郎に対する頼朝の仕打ちに鬱陶《うっとう》したためであった。


頼朝はそれを聞き、側近の梶原景季《かげすえ》を召して、「義時は穏便《おんびん》の存念ある者であるから、たとえ父が不義の恨みから身の暇《いとま》を申さずに下国するようなことがあっても、それに従うようなことはないと思うが、鎌倉にいるかどうか確かめよ」と命じた。

義時が鎌倉にとどまっている旨の報告を受けると、頼朝は義時を召し、義時が時政の下国に従わなかったことを賞した。

義時はあれこれは言わず、頼朝の仰せをただうけたまわって退出した。その後、亀前は中原《なかはらの》光家《みついえ》の小坪《こつぼ》（逗子市）の家に移り、頼朝の寵愛はさらに増した。


一方、政子の怒りに触れた伏見広綱はもと居た遠江《とおとうみ》に追い返された。頼朝と政子の意地の張り合いから頼朝と時政の不和に発展したが、そのはざまにあって義時が穏便に対応したことを示す逸話である。

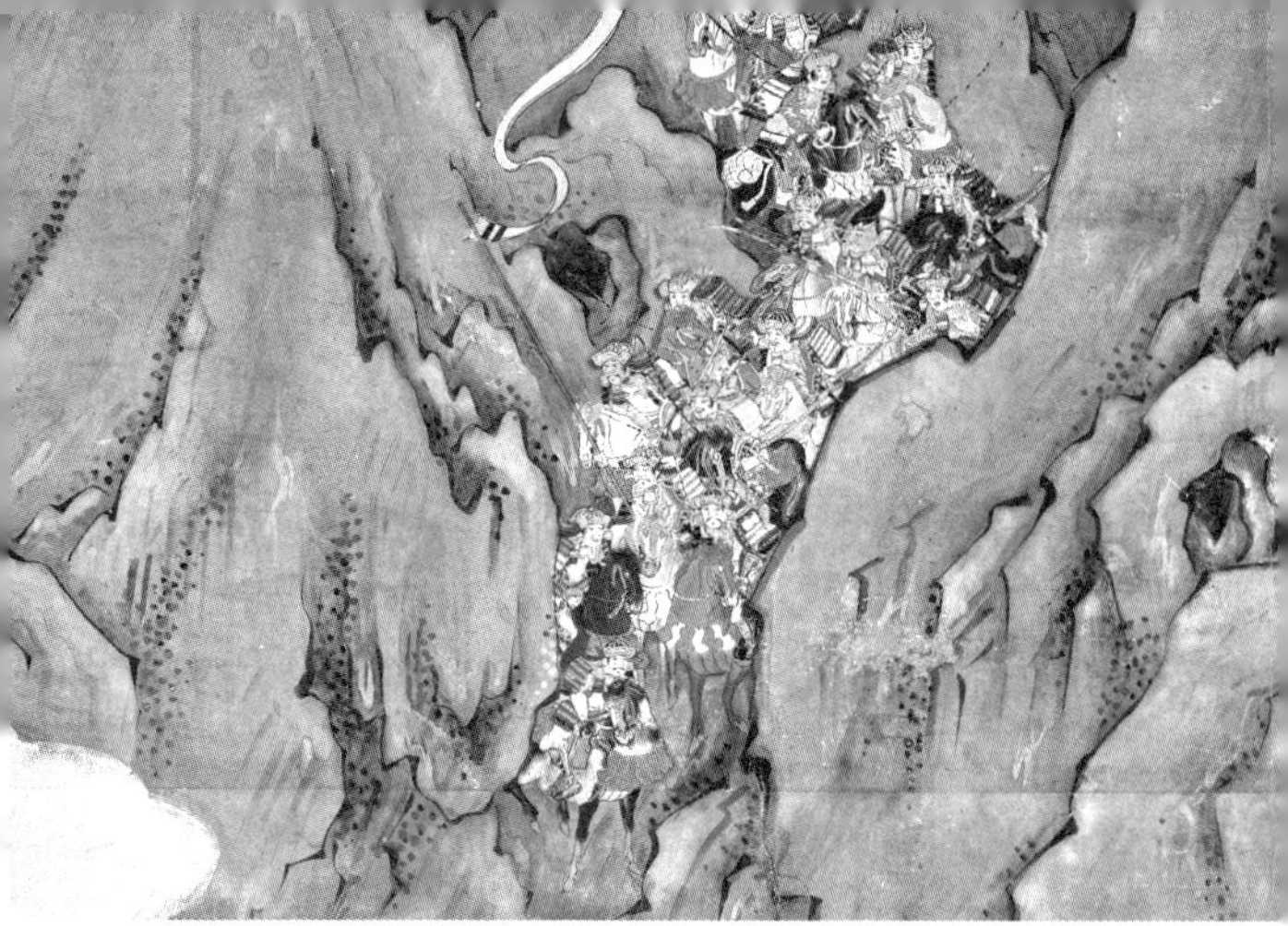

源平合戦図屏風　一の谷合戦で有名な逆落とし場面。『吾妻鏡』は、義経が70余騎を率い
一の谷の後山の鵯越《ひよどりごえ》から攻撃したと記すが、『吾妻鏡』のこの部分は『平家物語』を材料
しているという指摘もあり、「鵯越の逆落とし」の実相については諸説がある（所蔵：埼
県立歴史と民俗の博物館）

平氏追討戦に従軍する

さて、寿永《じゆえい》2年（1183）7月、木曾義仲《よしなか》・源行家《ゆきいえ》等の諸国源氏に京都を包囲されると、平宗盛《むねもり》以下一門は安徳《あんとく》天皇を奉じて、都を脱出して西国に赴き、代わって義仲・行家等が入京した。

京に残った後《ご》白河法皇《しらかわほうおう》が義仲・行家を召し平氏追討を命じたことにより、平氏は官軍の地位を喪失して謀反人の立場に立たされることになった。

法皇の命により後鳥羽《ごとば》天皇が即位

した後、京都では安徳天皇は「先帝」と呼ばれることになったが、安徳自身は退位したわけではないので、1年半ほどの間、2人の天皇が並び立つことになった。

平氏が退去した京都では、頼朝の上洛が期待されていたが、頼朝は上洛せず、鎌倉から朝廷との交渉を行った。その交渉により、10月、朝廷は頼朝の位を平治《へいじ》の乱により解官《げかん》される以前の従五位下《じゅごいのげ》に戻し、東海・東山《とうさん》両道諸国に対する頼朝の支配を認める宣旨《せんじ》を下した（寿永2年10月宣旨）。頼朝は宣旨を対象諸国に知らしめるために中原親能《ちかよし》・源義経《よしつね》を派遣した。義経は500騎ばかりを率いて伊勢国に至った。

年が明けて源範頼《のりより》が増派され、範頼・義経軍数万騎が入洛《じゅらく》し義仲を討《う》った。正月26日、頼朝に対して平氏追討の宣旨が下され、2月8日、範頼軍と義経軍は福原の平氏を東西から挟撃して破った。義経軍の攻め口の名を採って一の谷合戦と呼ばれる。

寿永3年（1184）は改元されて元暦《げんりゃく》元年となるが、その8月8日、源範頼を総大将とする平家追討軍1000余騎が鎌倉を立ち、義時もこれに従った。

範頼軍は27日に入洛、29日に追討使《ついとうし》の官符《かんぷ》を賜り、9月1日、西海に向けて出立した。九州まで進んで武士を動員し、その軍勢によって平氏が本拠とする讃岐国《さぬき》（香川県）の屋島《やしま》を攻めるという作戦であった。

しかし範頼の進軍は困難を極め、元暦2年（1185）のはじめまでにようやく長門国《ながと》（山口県）赤間関《あかまがせき》に到達したものの、長門国は飢饉《ききん》で兵粮《ひようろう》が絶え、また九州に渡る船も得られなかった。和田義盛兄弟、大多和義成《よしなり》、工藤祐経《すけつね》等は鎌倉に戻ろうとしたので、範頼はそれをとどめて、窮状を頼朝に報告し、武田信光《のぶみつ》は別に頼朝に書状を送って、安芸国《あき》（広島県）まで撤退することを訴えた。

豊後国《ぶんご》（大分県）の住人臼杵惟隆《うすきこれたか》・緒方惟栄《おがたこれよし》の兄弟が源氏に味方して82艘の兵船を、周防国《すおう》（山口県）住人宇佐那木遠隆《うさなぎとおたか》が兵粮米を提供したので、範頼軍は一旦周防に戻り、正月26日周防から豊後に渡った。

2月1日、葦屋浦《あしやうら》において範頼軍は原田種直《はらだたねなお》の軍と合戦し、これを破った。種直は大宰少弐《だざいのしように》（大宰府の次官）で平氏の家人である。

頼朝は2月12日から18日まで、父義朝《よしとも》の菩提《ぼだい》を弔《とむら》う勝長寿院《しようちようじゆいん》を建立するための材木の切り出しを監督するために伊豆国に赴いたが、その最中に範頼・信光等からの書状が届いた。

頼朝は範頼に対しては、兵粮を届けるのでそれまで堪忍《かんにん》して追討使としての責《せき》を全うすることを指示するとともに、義時・中原親能・比企《ひき》朝宗《ともむね》・同能員《よしかず》等に書を送り、平家追討のため同心《どうしん》することを命じた。範頼からの豊後渡海の報告は3月9日に頼朝に届いたが、頼朝は11日に範頼に返書を送るとともに、特に12人を選んで慇懃《いんぎん》の書を遣わし、同心して渡海したことを賞している。その12人の中にも義時の名がある。

一方、一の谷合戦後も京にとどまっていた義経は、平氏の本拠地屋島《やしま》を直接攻めるため、元暦2年（１１８５）正月10日に京を立った。摂津《せっつ》国（大阪府・兵庫県）渡辺《わたなべ》津《のつ》で渡海の機会を待ち、2月16日の酉《とり》の刻（午後6時頃）に出航しようとしたところ、暴風により舟船《しゅうせん》の多くが破損し、丑《うし》の刻（午前2時頃）、まず舟5艘に１５０騎を乗せて出航し、卯《う》の刻（午前6時頃）、阿波《あわ》国（徳島県）椿浦《つばきうら》に着岸した。

18日に義経の軍勢は屋島に寄せ、平氏を追い落として、内裏《だいり》以下の舎屋《しゃおく》を焼き払った。21日には平氏の籠《こも》る志度《しど》の道場を義経は80騎ほどで攻め、平氏水軍の一翼を担う粟田《あわた》氏の田内左衛門尉《でんないさえもんのじょう》を帰伏させた。同じ日に伊予《いよ》国（愛媛県）の河野通信《こうのみちのぶ》が兵船

屋島の遠景（中央から右） 江戸時代に埋め立てられる前は、干潟で区切られた島だった。屋根のような形から屋島の名がついたという

江戸時代に描かれた安徳天皇 明治時代に、建礼門院ゆかりの長楽寺から奉納された（所蔵：泉涌寺）

30艘を率いて義経軍に加わった。屋島を喪《うしな》った平氏は塩飽《しわく》諸島（瀬戸内海中央部）に逃れたが、ここも義経に攻められて戦わずして退き、安芸国厳島《いつくしま》に赴いたが、兵船はわずかに100艘ばかりになっていた。その後、平氏は屋島と並ぶもう一つの拠点として、平知盛《とももり》が守ってきた長門国の彦島《ひこしま》まで退いた。

源平最後の合戦は3月24日、長門国の壇ノ浦《だんのうら》の海上で行われた。源氏の兵船840艘に対して、平氏の兵船は500艘の劣勢で、戦闘は正午から申《さる》の刻（午後4時頃）まで続いたが、平氏は敗北し、逃げ場を喪った平氏一門は安徳天皇もろともに入水《じゅすい》した。ただし一門の総帥である宗盛《むねもり》は生け捕りになった。

▲頼朝の生前には無位無官だった時政と義時

『吾妻鏡』は人名について当時の呼称を比較的忠実に記録している。当時は頼朝、義時といった実名で呼ぶのは稀《まれ》で、官職を有する場合には官職名で、官職を有さない場合には太郎、次郎というような長幼《ちょうよう》の順を示す呼び名で呼ぶのが普通であった。

義時も元久元年（1204）に相模守《さがみのかみ》に任ぜられた後はその名で呼ばれ、『吾妻鏡』にも「相州《そうしゅう》」の名で記されるようになる。それ以前の義時の呼び名は「北条小四郎」である。父時政の呼び名が「北条四郎」なので、それと区別して「小」の字をつけているのである。弟の時房《ときふさ》（建仁《けんにん》2年〈1202〉までは時連《ときつら》）は「北条五郎」と呼ばれ、「小」の字をつけていない。

ところで『吾妻鏡』は任官以前の義時を記すのに、「北条小四郎」とともに「江間《えま》殿」の呼称を用いている。

江間は狩野川《かのがわ》をはさんで北条氏邸の対岸に当たる。真名本《まなぼん》『曾我物語《そがものがたり》』によれば、伊東祐親の三女は頼朝の子を産んだが、平家にとがめられることを恐れた祐親がその子を殺害し、三女を再嫁させた相手が江間次郎であるという。

その後、寿永2年（1183）6月1日に加賀国《かが》（石川県）篠原《しのはら》において平維盛《これもり》と木曾義仲《よしなか》が戦った際に、江間次郎は平家に従って討死《うちじに》した。義時は江間次郎の子を引

北条義時屋敷跡　義時が創建したと伝わる北条寺。このあたりが江間で、狩野川をはさんで北条の対岸にあたる

き取り、後に元服させて江間小次郎と名乗らせたという。以上は真名本『曾我物語』の伝える話であるけれども、江間の領主が平家に従って討死したため、江間が没収されて義時に与えられたとも考えられる。

「北条小四郎」の呼称は当時の史料に基づくものであろうが、「江間殿」は『吾妻鏡』の編纂時に、すでに覇権を確立していた執権北条氏の祖の呼称として工夫したものであろう。時政についても、正治《しょうじ》2年（1200）に遠江守に任官する以前の記述には「北条殿」の呼称を用いている。

頼朝は御家人の任官について消極的であったが、元暦元年（1184）6月には源氏一門の範頼を三河守《みかわのかみ》に、広綱《ひろつな》（頼政の子息）を駿河守《するがのかみ》に、平賀義信を武蔵守《むさしのかみ》に推薦している。さらに文治《ぶんじ》元年（1185）8月には、山名義範を伊豆守《いずのかみ》に、大内惟義《これよし》を相模守《さがみのかみ》、足利義兼《よしかね》を上総介《かずさのすけ》に、加々美遠光《とおみつ》を信濃守《しなののかみ》に、安田義資《よしすけ》を越後守《えちごのかみ》に、義経を伊予守《いよのかみ》に推薦している。

また上洛中の建久元年（1190）12月には御家人10人が兵衛尉《ひょうえのじょう》・衛門尉《えもんのじょう》に

任ぜられた。左兵衛尉が千葉《ちば》常秀《つねひで》、梶原景茂《かげもち》、八田朝重、右兵衛尉が三浦義村《よしむら》、葛西《かさい》清重《きよしげ》、左衛門尉が和田義盛、佐原義連、足立遠元、右衛門尉が小山朝政、比企能員である。朝廷からは20人の推薦を許されたが、頼朝は右の10人に限って推薦した。義時は上洛に供奉《ぐぶ》していたが、任官の対象となっていない。

頼朝の生前には無位無官であった時政・義時は、官位を有する御家人よりは序列が下がる。「北条四郎」「北条小四郎」の名が、官位を有する御家人の上にあるのは不自然である。その不自然を避けるために、『吾妻鏡』は「北条殿」「江間殿」の呼称を工夫したのではないだろうか。

源氏一門と大江広元《おおえのひろもと》以外で国司に任官したのは時政・義時が早い例であるが、頼朝の死後である。頼朝の生前には、御家人の国司任官は抑制されていたし、御家人のなかでの時政・義時の序列は必ずしも最上位ではなかった。

逆に頼朝の死後、時政・義時は朋輩《ほうばい》の序列を追い抜いたともいえる。義時の活躍は

源頼家肖像　伊豆の修禅寺にあった肖像画が、江戸時代に写され建仁寺に贈られたといわれる（所蔵：建仁寺）

頼朝の死後から本格化する。

頼朝は建久10年（1199）正月13日に亡くなり、26日、朝廷は宣旨を下して、頼家に頼朝の遺跡《ゆいせき》（故人の遺したもの。ここでは頼朝の職務権限を指す）を継承して諸国守護を奉行《ぶぎょう》することを命じた。

頼家が征夷大将軍に補せられるのは建仁2年（1202）7月23日であるから、頼家が諸国守護を奉行するのに、征夷大将軍の職名は必ずしも必要なかったことになる。

2

43歳の転機

頼家が頼朝の遺跡《ゆいせき》を継承してから3カ月目の建久10年4月12日、頼家の直裁《ちよくさい》が停止され、13人の宿老の談合によることが定められた。指名された13人は、北条時政、同義時、大江広元、三善康信《みよしやすのぶ》、中原親能、三浦義澄、八田知家、和田義盛、比企能員、安達盛長、足立遠元、梶原景時、二階堂行政《にかいどうゆきまさ》である。しかし13人の談合による政務の実態は明らかではなく、逆に頼家の専断が行われた逸話を『吾妻鏡』は伝えている。

陸奥国葛岡新熊野社《むつくずおかしんくまのしや》の供僧《ぐそう》同士が住坊の土地の境界をめぐって争い、訴訟になった。頼家は境界の絵図を見て、その中央に自ら墨線を引き、「所の広い狭いは身の運不運に従え。実況を検分するために使節を派遣することなどはしない。今後も境界に関する訴訟はこのように裁定する。これでは審理が不十分だと思うのであれば訴訟を起こ

13人の宿老

北条時政 (1138～1215)	頼朝の妻政子の父、頼家の祖父
北条義時 (1163～1224)	時政の次男、政子の弟、頼家の叔父。 時政と並ぶ宿老として遇される
大江広元 (1148～1225)	晩年大江氏に改姓するが中原氏の出身。兄親能の縁で鎌倉に下り、公文所別当、のち政所別当に就任
三善康信 (1140～1221)	頼朝の乳母の妹の子として伊豆配流時代の頼朝に京都の情報を伝える。鎌倉に下り、問注所執事に就任
中原親能 (1143～1208)	相模で育ち頼朝の年来の知音（ちいん）。 頼朝挙兵後、鎌倉に下り頼朝に仕える
三浦義澄 (1127～1200)	相模東部の有力豪族三浦氏の惣領。 頼朝の挙兵に加わる
八田知家 (1142～1218)	下野の豪族宇都宮氏の出身。頼朝の乳母寒河尼の兄弟。常陸の守護に補せられる
和田義盛 (1147～1213)	三浦一族の出身で義澄の甥。 頼朝の挙兵に加わり、初代侍所別当に就任
比企能員 (？～1203)	頼朝の乳母比企尼の養子。 頼家の乳父、頼家の妻若狭局の父
安達盛長 (1135～1200)	伊豆に配流された頼朝の側近に仕え、 頼朝の挙兵に従う
足立遠元 (生没年不詳)	盛長の伯父。平治の乱では義朝に従い戦う。頼朝の進軍の途上で加わり、公文所の寄人に補せられる
梶原景時 (？～1200)	石橋山の戦いで窮地の頼朝を助ける。 和田義盛に代わって侍所別当に就任
二階堂行政 (生没年不詳)	頼朝の母の叔母を母とする。鎌倉に下って 公文所の寄人、政所の令・別当に就任

般若波羅蜜多心経
観自在菩薩行深般若波羅蜜多時照見五
蘊皆空度一切苦厄舎利子色不異空空不異
色色即是空空即是色受想行識亦復如
是舎利子是諸法空相不生不滅不垢不浄
不増不減是故空中無色無受想行識無眼耳
鼻舌身意無色声香味触法無眼界乃至無
意識界無無明亦無無明尽乃至無老死亦
無老死尽無苦集滅道無智亦無得以無所得
故菩提薩埵依般若波羅蜜多故心無罣礙無
罣礙故無有恐怖遠離一切顛倒夢想究竟
涅槃三世諸仏依般若波羅蜜多故得阿耨
多羅三藐三菩提故知般若波羅蜜多是大
神呪是大明呪是無上呪是無等等呪能除
一切苦真実不虚故説般若波羅蜜多呪即
説呪曰
掲諦掲諦　波羅掲諦　波羅僧掲諦　菩提薩婆訶
此心経一巻為病脳祈願染愚筆謹拝書
奉納三嶋社者也
建仁三年八月十日　従二位源朝臣頼家

源頼家筆般若心経　建仁3年8月10日に頼家が病脳祈願のために書き写し三島社に奉納したことが奥書に記されている（所蔵：三嶋大社）

すな」と言い放った。

　絵図に自ら引いた線を絶対化するのは、古今東西の専制君主に見られる逸話である。しかしこの逸話を『吾妻鏡』は正治《しょうじ》2年5月28日の条に収めている。13人の宿老が指名された翌年である。

　建仁《けんにん》3年（1203）7月20日頃から将軍頼家は病に倒れ、8月には重篤に陥り、9月1日には薨去《こうきょ》した。すると、頼家の後継をめぐって、頼家の長子一幡《いちまん》の外祖父比企能員《ひきよしかず》と、頼家の弟千幡《せんまん》の外祖父北条時政が対立した。9月2日、時政に呼ばれた能員は、天野遠景《あまのとおかげ》・仁田忠常《にったただつね》により殺害された。能員の一族・郎従は一幡の御所に立て籠《こ》もり、討手《うって》と戦って討死した。その後、幕府は朝廷に使者を送り、頼家が1日に薨去したことを報告し、千幡を征夷大将軍に補すことを求めた。幕府からの報告は7日の朝に朝廷に達したが、同時に能員が時政に討たれた情報も届いている。同日の夕刻、朝廷は千幡の名字を実朝と定め、従五位下に叙し、征夷大将軍に補任した。従五位下の位記《いき》と征夷大将軍の宣旨は15日に鎌倉に届いた。

『愚管抄』と『吾妻鏡』で食い違う比企氏の乱

比企能員が滅ぼされ、将軍が頼家から実朝に交替したこの事件の細部について、『愚管抄《ぐかんしょう》』と『吾妻鏡《あずまかがみ》』は多少異なる説を伝えている。

『愚管抄』によれば、重篤《じゅうとく》に陥った頼家は8月晦日《みそか》に出家し、源家を一幡に譲り、能員に後見させることとしたが、出家後、病は快方に向かったという。

9月2日に能員が遠景・忠常によって討たれた後、一幡の御所に討手が向かった。一幡は母に抱かれて小門より逃れたが、御所に留まった武士は皆殺しにあった。一幡の御所が襲われたことを聞くと、頼家は何事かと太刀を取って立ったが、病のなごりでかなわず、政子が取り付いて止めた。

能員を手に懸けた忠常はもともと頼家の近習《きんじゅう》であり、頼家の身まで危なくなった事態の進展は本意でなかった。5日、頼家の御所の侍（控所《ひかえじょ》）で忠常と義時が二人になったが、忠常は義時と戦い討たれた。頼家は10日に伊豆の修禅寺に押し籠められ、一幡は11月3日に義時の郎等によって刺し殺された。

以上が『愚管抄』の伝える説である。


一方、『吾妻鏡』によれば、頼家は8月27日に、関西38カ国の地頭《じとう》職を千幡に、関東28カ国の地頭ならびに惣《そう》守護職を一幡に譲ったが、一幡の外祖父能員はこの処分に不満で、千幡とその外祖父時政を除くことを企てたという。

9月2日に頼家は病床に能員を招き、時政追討を許諾したが、障子を隔ててこの会話を聞いた政子は、時政にこれを知らせた。時政は大江広元と面談して、能員を除くことについて諒解を得た上で、名越《なごえ》亭に能員を招き、遠景・忠常に討たせた。能員の凶事を知った一族・郎従は一幡の御所に立て籠ったが、これの追討を命じたのは政子である。追討軍のなかには、義時とその子息泰時もいた。

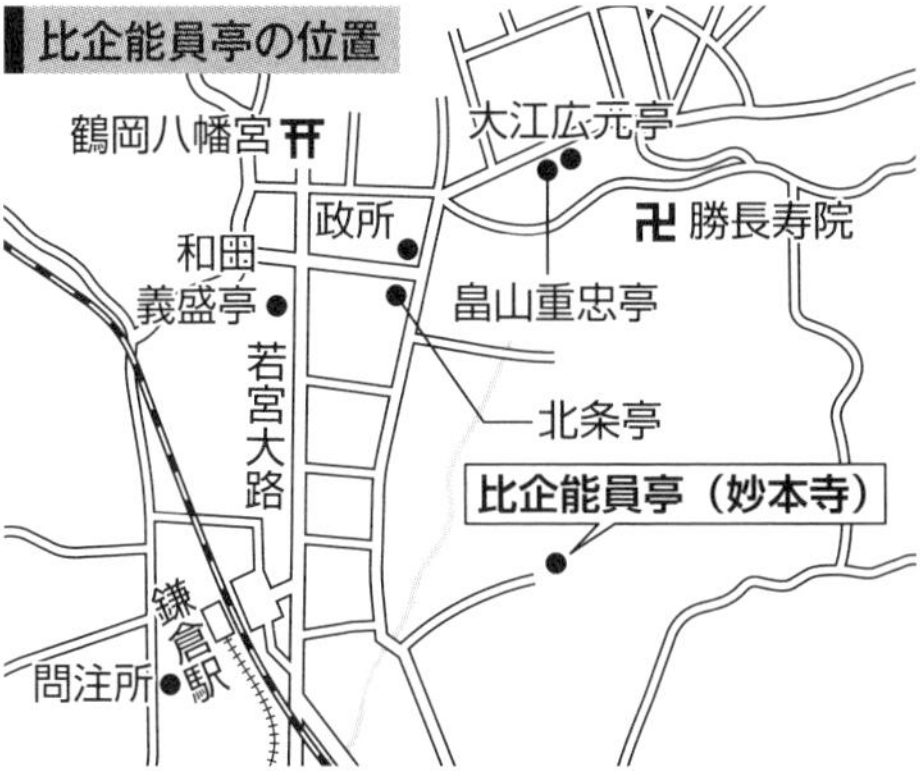

比企氏一族の供養塔　鎌倉妙本寺は比企能員の屋敷跡に建てられたもので、境内には比企一族の供養塔が残る

御所に籠った武士たちは、御所に火を放って、一幡の御前で自殺した。翌日、一幡の遺骨の捜索が行われ、一幡の着衣が染付の小袖でその文様が菊枝であったという乳母の証言を手がかりに、ある死骸の右脇下の小袖が一寸ばかり焼け残り、菊の文様が明らかであったので、これを一幡の遺骨として拾い、高野山奥院に送った。

以上が『吾妻鏡』の伝える説である。

また『吾妻鏡』によれば、忠常が殺害されたのは6日のことである。忠常は能員追討の勧賞《けんじょう》のため時政の名越亭に招かれた。しかし、忠常がなかなか出て来ないので、外で待っていた忠常の従僕《じゅうぼく》はこのことを怪しんで、忠常の乗馬を引いて帰宅し、事の由を忠常の弟五郎、六郎に告げた。

五郎、六郎は忠常が討たれたものと解し、その憤りを果たすために義時を討たんとして、義時の伺候していた政子の御所を襲撃した。義時が御家人を指揮して防御に当たらせたので、五郎は波多野忠綱《はたのただつな》に討たれ、六郎は台所に火を放って自殺した。忠常は名越亭から帰宅する途中でこの連絡を受け、御所に向かい、加藤景廉《かとうかげかど》に討たれた。

さらに頼家が出家したのは9月7日とある。病気である上に家門を治めるのが危ういと、政子が判断したことによるという。

21日に時政は大江広元《おおえのひろもと》と相談して頼家を鎌倉に留めないことを決め、29日、頼家は修禅寺《しゅぜんじ》に下向した。先陣の随兵100騎、次に女騎15騎、次に御輿《みこし》3張、次に小舎人《こどねり》童《わらわ》一人（征矢《そや》を負う騎馬）、後陣の随兵200余騎と『吾妻鏡』はその陣容を記している。

『愚管抄』は同時代の慈円《じえん》の記した書物であるが、慈円は京都に届いた伝聞に基づいて記しており、慈円自身の見聞に基づくわけではない。

一方『吾妻鏡』は幕府関係者によって編纂されたと考えられており、幕府に残された資料や幕府関係者から提供された資料を用いていると思われるが、北条氏に都合の悪い史実は隠蔽《いんぺい》していることも考えられる。

先に見た『愚管抄』と『吾妻鏡』の記事の相違は、もちろん『愚管抄』に載せる慈円の伝聞が不正確であったことによるところもあるであろうが、『吾妻鏡』が北条氏に都合の悪い史実を、都合よく整えたことによるものもあると思われる。

時政の行動は広元の了解を得たものであり、一幡の御所の追討や頼家の出家などは政子の命令によるものであるとされている。義時もまた、父時政に従っていることについて、『吾妻鏡』と『愚管抄』では細部は異なっていても、大筋は一致している。

▲発給文書にみる時政の立場

10月8日、時政の名越亭において実朝の元服の儀が行われた。実朝は12歳である。時政は理髪《りはつ》の役を務め、加冠《かかん》の役は平賀義信が務めた。義時は大江広元の子息親広《ちかひろ》とともに雑具を持参し、御前の物の陪膳《ばいぜん》（給仕）を務めた。翌日、将軍家政所始《まんどころはじめ》が行われ、時政は広元とともに別当《べっとう》として政所に着した。

政所は本来公卿《くぎょう》の家に置かれるものである。公卿の家が文書を発給する場合には政所の名を用いるが、家の主が公卿の地位に達していない場合には、家の主《あるじ》個人の署判《しょはん》により文書が発給される。

命令を伝達する文書の様式として、「下《くだす》」という文字から書き出すものがあり、下《くだし》文《ぶみ》と呼んでいる。「下」という文字の下に宛所《あてどころ》を記し、宛所に下す、つまり命令するということを示す様式である。

政所の名で下文が発給される場合には、書き出しの「下」の上に家の名前と「政所」の語を冠す。頼朝も権大納《ごんだいな》言兼《ごんけんう》右近衛大将《このえのたいしょう》に任ぜられた後は「前《さきの》右大将家政所下」(頼朝は権大納言も右近衛大将もすぐに辞任したので、下文を発給し始めた時はすでに前官であった)、征夷大将軍に補任された後は「将軍家政所下」と書き出す下文を用いた。

下文の発給者が公卿の地位に達していない場合には、政所下文の形式をとらず、「下」の上に何も冠せずに書き出し、発給者が署判を加える。署判を加える位置にも決まりがある。紙面の右端を端ないし袖、左端を奥といい、署判を加える位置は奥下・奥上・袖の3カ所であるが、奥下が一番謙譲、袖が一番尊大である。

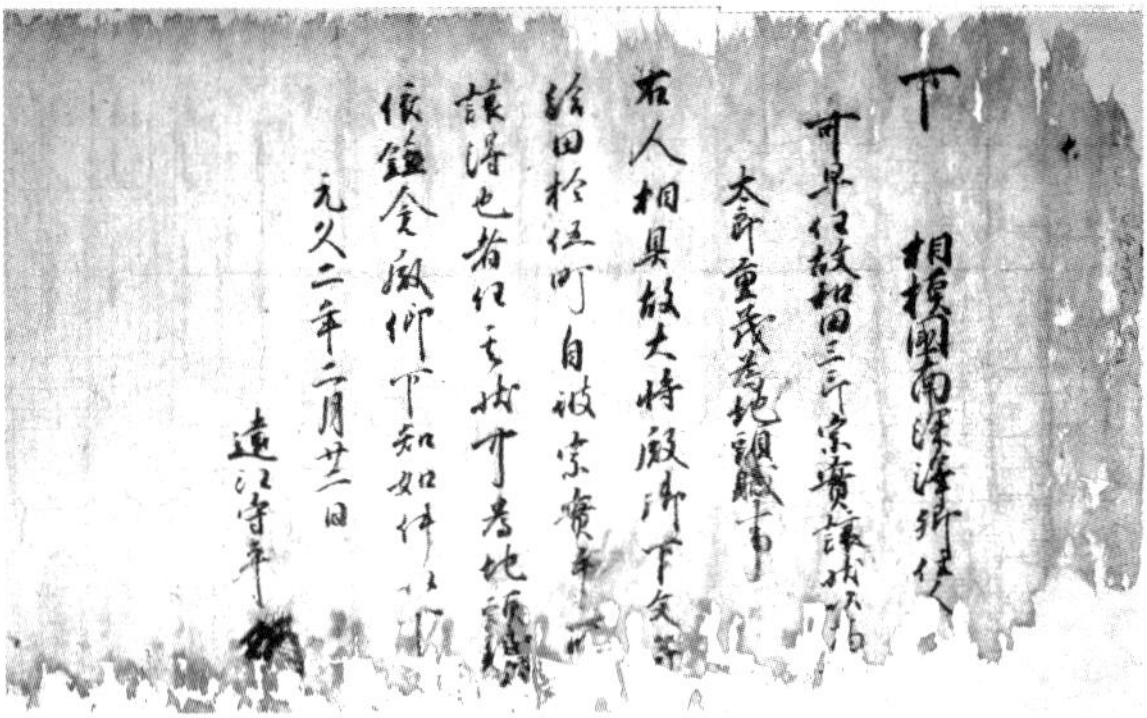
下　相模国南深沢郷住人
太郎重茂為地頭職事
右人相具故大将殿御下文等
譲得也者任彼状可為地頭職
依鎌倉殿仰下知如件
元久二年二月廿二日
遠江守平

関東下知状 元久２年２月22日（中条家文書） 日付の次の行の「遠江守平（花押）」が北条時政の署判である（所蔵：山形大学小白川図書館）

頼朝も頼家も政所下文を発給したのは公卿に達した後で、それ以前は自身が袖判《そではん》を加えた下文を用いた。

頼朝・頼家の例を追えば、実朝もまた袖判下文を用いていいはずであるが、実朝の袖判下文は例外的にしか用いられていない。その代わりに用いられたのが、「鎌倉殿の仰せに依《よ》り、下知くだんの如《ごと》し」という書止文言《かきとめもんごん》を持ち、時政が奥下に署判を加えた文書である。

下文と同等の機能を有し、実際当時は「下文」とも呼ばれたが、今日の古文書学では書止文言に基づいて「下知状《げちじょう》」と呼んでいる。

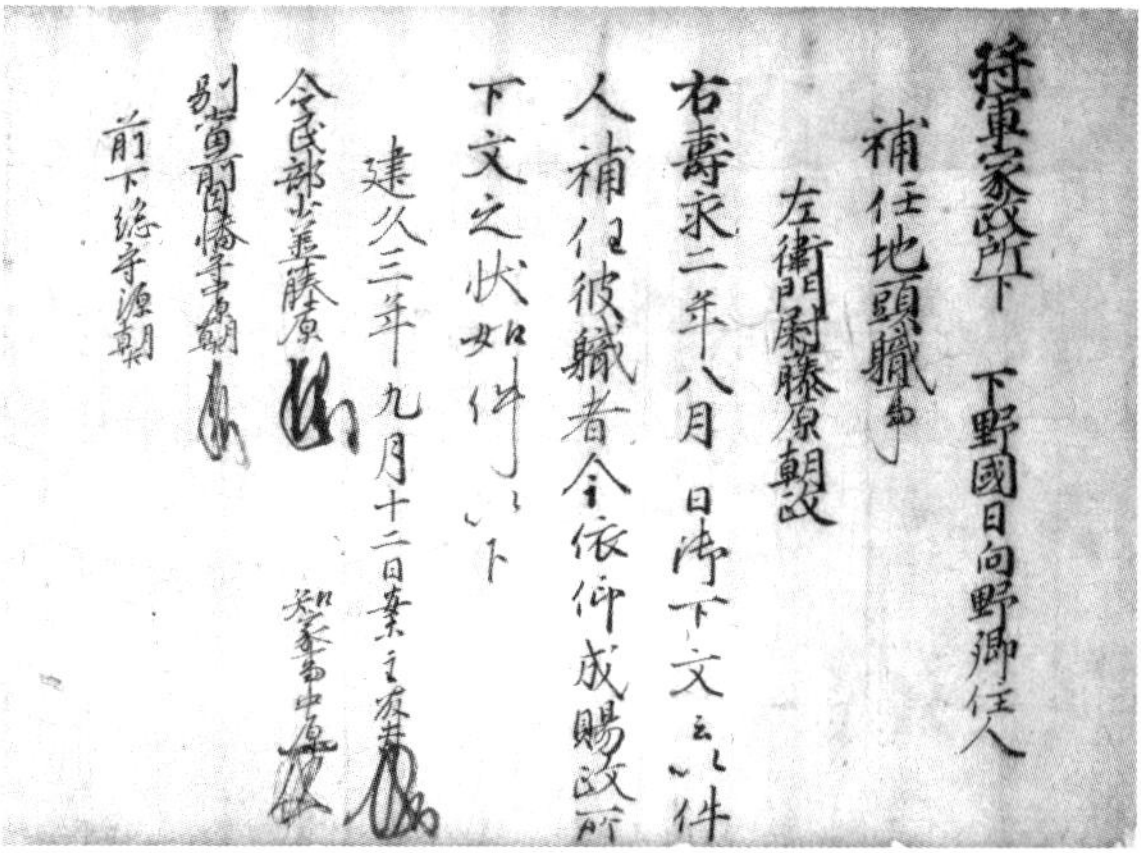

将軍家政所下　下野國日向野郷住人
補任地頭職事
左衛門尉藤原朝政
右、寿永二年八月日御下文云、件人補任彼職者、今依仰成賜政所下文之状、如件、以下
建久三年九月十二日　案主藤井（花押）
知家事中原（花押）
令民部少丞藤原（花押）
別当前因幡守中原朝臣（花押）
前下総守源朝臣（花押）

将軍家政所下文 建久３年９月12日　日付の次の行の上段の署判が右から順に二階堂行政、大江広元、源邦業、下段の署判が左から順に中原光家、藤井俊長（所蔵：個人、提供：栃木県立博物館）

鎌倉殿の仰せに基づく命令であるという建前ではあるけれども、署判を加える者が実質的に発給の権限を有するので、後には下知状に署判を加える権限を有する者が執権と呼ばれることになる。下知状の使用や執権の地位が確立するのは義時の子の泰時の代であるが、淵源《えんげん》をさかのぼればこの時点にたどりつくことになり、後世から見れば時政が初代執権ということになる。

▲頼家を廃して実朝を立てたのは政子の意向か

比企能員の誅殺《ちゆうさつ》、そして頼家の廃

源実朝木像　近年解体修理が行われ、木像は実朝の死後、まもない頃に製作されたことが判明した。木像はもともと、甲斐善光寺にあった「三代将軍堂」に祀られていたものという（所蔵：甲斐善光寺）

位と実朝の擁立は時政が主導し、政子・義時がそれに従ったように一応見える。しかし『吾妻鏡』は9月15日の条に気になる記事を載せている。

それによると、政子の妹阿波局《あわのつぼね》が政子のところに来て言うには、「実朝が時政亭におられるのは当然のことのようであるけれども、牧の方の様子を見ていると、笑みのうちに害心《がいしん》をさしはさんでいて、傅母《ふぼ》としてたのみがたい。きっと事件が起こるでしょう」と。

政子は、自分もそう思っていたことを伝え、義時、三浦義村、結城朝光を派遣して実朝を迎え取った。

時政はこの事態に驚き、駿河局《するがのつぼね》を派

遺して弁明したが、政子は実朝が成人するまでの間、政子のもとで扶持《ふち》すると答えた。

実朝を将軍に擁立するのが時政の積極的な意志であったならば、政子が実朝を時政のもとに置くことを危ぶむはずがない。とすると、頼家を廃して実朝を立てるのは、時政というよりむしろ政子の意志であり、それを義時が支えて、時政を表に立てて起こしたのがこの政変であったとは考えられないであろうか。

政変の結果として、幕府の文書は時政の署判により発給されることになったが、時政の行動は政子・義時によって動かされたものだったのかもしれない。そして2年後、今度は時政が政子・義時によって追放されることになる。

将軍の御台所を迎える

実朝の元服・政所始《まんどころはじめ》に先んじて、10月3日、平賀朝雅《ひらがともまさ》が京都守護として上洛した。政所始の後の19日には、佐々木定綱・中条家長《ちゅうじょういえなが》を使節として上洛させ、将軍御代始《みだいはじめ》にあたり、京畿《けいき》の御家人から忠節を誓約する起請文《きしょうもん》を徴すべきことを朝雅と中原親《なかはらのちか》能《よし》に伝えた。親能は以前から京都守護の任に就いており、鎌倉で政変を引き起こした時政は、女婿《じょせい》の朝雅を京都守護に加えることにより、京畿の動揺に備えたものであろう。年を越して元久元年（１２０４）２月、朝雅は伊賀・伊勢両国の平氏の謀反を追討するために出京し、３月・４月に転戦して伊勢の反乱を鎮圧し、５月、その勲功により伊勢守護に補せられた。

同年7月18日、頼家は修禅寺において薨《こう》じた。『吾妻鏡』はただ「薨じ給う」と記すのみであるが、『愚管抄』には首に縄を付け、ふぐりを取るなどして、刺し殺したと記されている。また『吾妻鏡』は頼家の家人が謀反を企てているのが発覚したため、義時が金窪行親《かなくぼゆきちか》等を差し遣わして、誅戮《ちゆうりく》したと記している。

この年の秋、実朝が将軍に就任して1年になろうとする頃、実朝の婚姻について、足利義兼《あしかがよしかね》の息女を予定していたのをやめて、京都の公卿《くぎよう》坊門信清《ぼうもんのぶきよ》の息女を迎えることに変更された。8月4日に将軍家御台所《みだいどころ》を迎える用意についての内談が行われ、供奉人には容儀華麗の壮士を選び遣わすことが決められた。

10月14日御台所お迎えのための供奉人《ぐぶにん》20人が鎌倉を出発したが、その筆頭は時政・

牧の方夫妻の子息北条政範《まさのり》である。

政範は当時16歳、この年4月12日の除目《じもく》で左馬権助《さまごんのすけ》に任ぜられていた。位階《いかい》は従五位下である。政範の兄に当たる義時は26歳年長であるが、従五位下相模守の官位を得たのは同じ年の3月6日である。つまり義時は42歳まで無位無官であった。

義時の任官も政範の任官も前年の政変により、北条氏が幕府の実権を掌握した結果であるが、義時の任官が42歳であるのに対して政範の任官は弱冠16歳である。苦労人義時よりも若き貴公子政範が北条氏の期待の星として輝いて見えたに違いない。

京都守護に送られた平賀朝雅は牧の方所生の女子の夫であり、御台所お迎えに上洛した北条政範も牧の方所生《しょせい》の男子であった。牧の方の父藤原宗親《ふじわらのむねちか》は池禅尼《いけのぜんに》の兄弟に当たる。池禅尼は平忠盛の後妻で頼盛の実母、清盛には継母に当たる。

平治の乱に敗れ捕らえられた頼朝の助命に尽力したことで、頼朝は終生、池禅尼・頼盛の母子に報恩の念を抱き続けた。そういう出自を持つ牧の方は京都に所縁を有し、建久2年（1191）には単身上洛し、兄弟・外甥を伴って鎌倉に戻っている。また牧の方の縁者が時政の政務を助けてもいた。諸系図によると時政の女子の一人は御台

牧の方関係系図

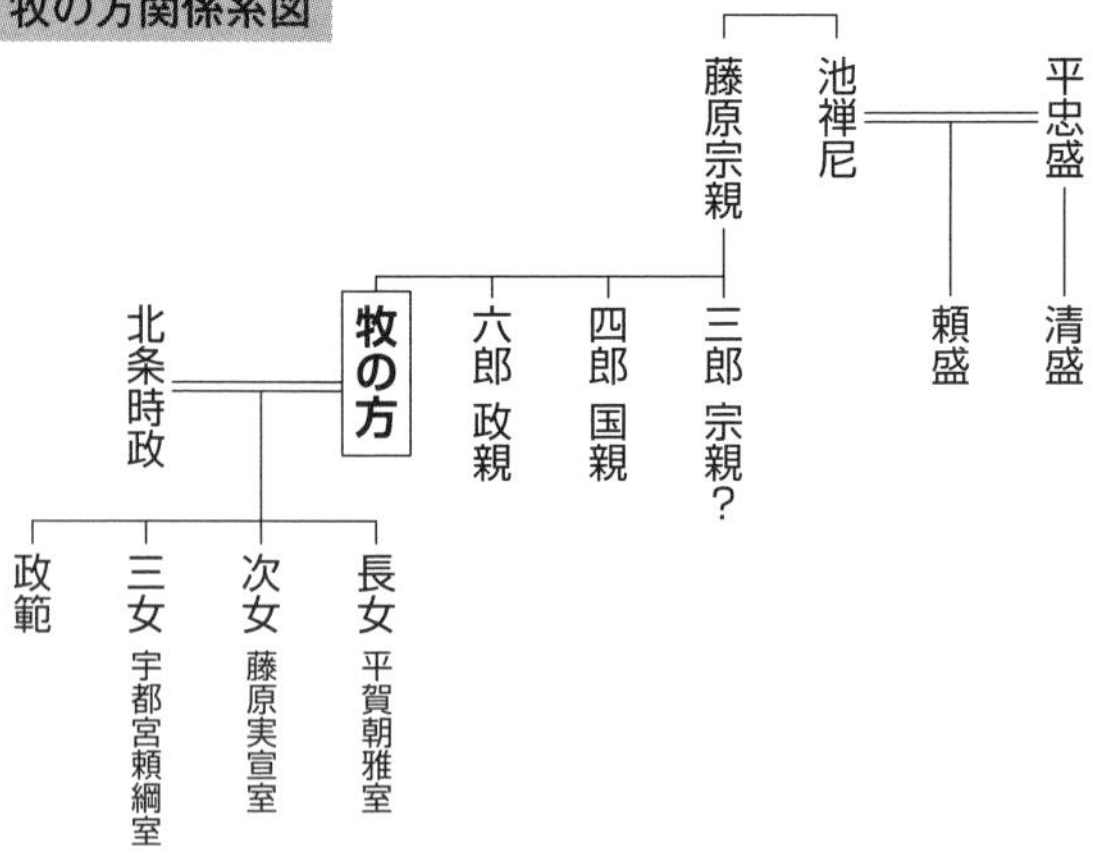

所の兄弟坊門忠清《ぼうもんただきよ》の妻となっているから、御台所の人選も牧の方の人脈によったものかもしれない。

御台所お迎えの供奉人は11月3日に入洛《じゅらく》したが、政範は路次《ろじ》から病になり、入洛後の5日子《ね》の刻（午前0時頃）に卒去《そつきょ》した。政範のほかにもう一人、兵衛尉《ひょうえのじょう》と称する者が卒したため親能《ちかよし》の子を補充したが、なお一人が欠員となった。

12月10日、御台所は京都を立った。

お迎えの供奉人が入洛した翌日の11月4日、朝雅の六角東洞院《ろっかくひがしとういん》亭で酒宴が行われたが、その場で朝雅と畠山重保《しげやす》（重忠の子）が口論に及んだ。同席した者の取り成しでその場は収まったが、これが翌年の事件の発端となった。

畠山重忠、二俣川に散る

元久《げんきゅう》2年（1205）の4月頃から鎌倉中は騒がしく、近国の武士が群参し、兵具《ひょうぐ》を整えていた。11日、稲毛《いなげ》重成《しげなり》が時政に呼ばれ、従類《じゅうるい》を率いて参上した。重成の妻は時政の女子であったが、建久6年（1195）に亡くなると、重成は出家し、平生は武蔵国の所領に蟄居《ちっきょ》していた。

6月20日、重成の招きにより畠山重保が武蔵国から参着した。重保の父重忠と重成は従兄弟《いとこ》にあたり、また重忠の妻も時政の女子であるので、相婿《あいむこ》にもあたる。

22日寅《とら》の刻（午前4時頃）、鎌倉中は騒がしく、軍兵が謀反人を誅《ちゅう》すべきことを号して由比浜《ゆいがはま》に向かった。重保も郎従《ろうじゅう》3人を連れて向かったところ、三浦義村の軍兵に囲まれ、主従ともに誅殺された。

畠山重忠・稲毛重成関係系図

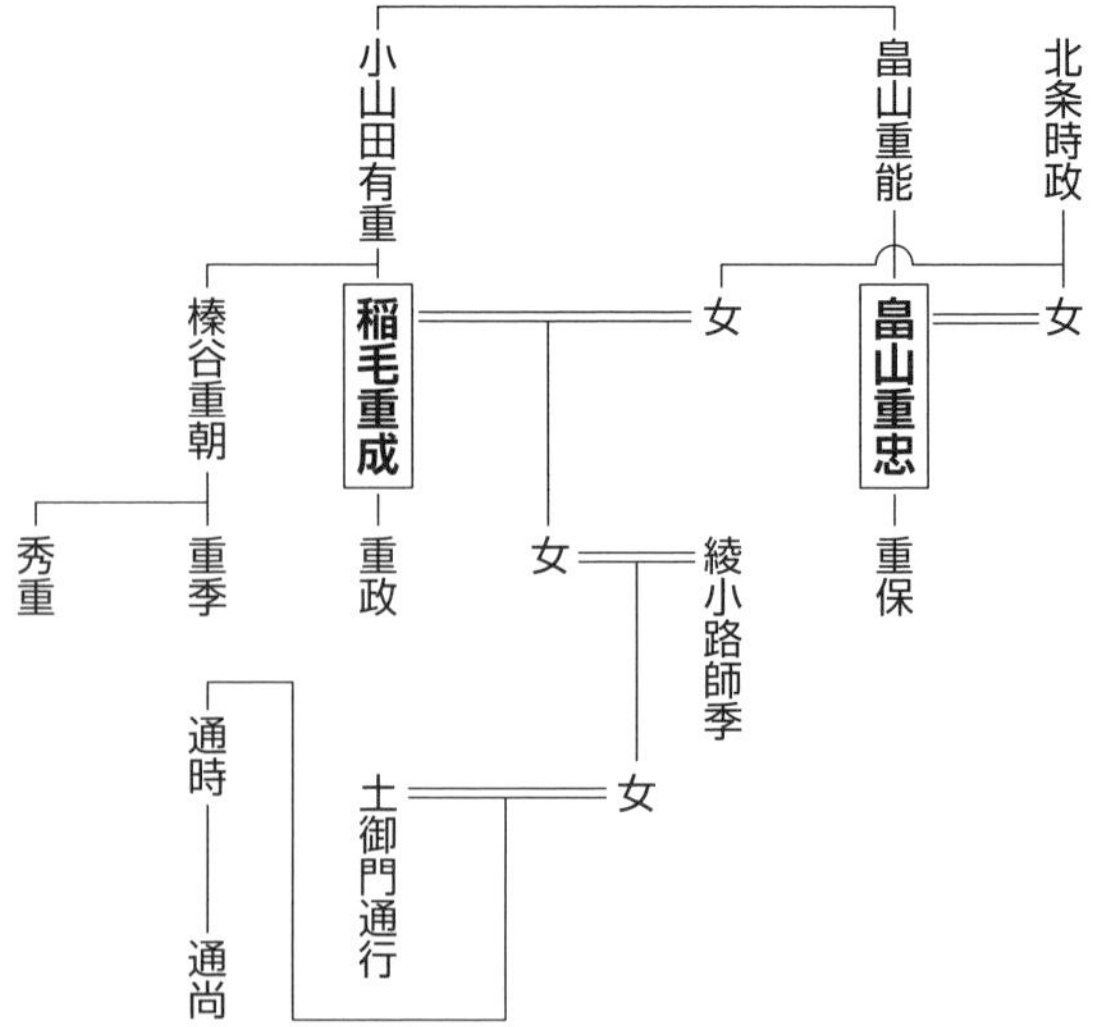

重忠は19日に武蔵国小衾《おぶすま》郡菅屋の館を立ち、鎌倉に向かっていた。おそらく鎌倉中の騒擾《そうじょう》により駆け付けようとしたものであろうが、幕府の側はこれを謀反とみなし、４００人の壮士により御所の四面を固めた。また重忠を途中で討つために、義時を大手の大将軍、北条時房・和田義盛を関戸《せきど》方面の大将軍とする軍勢が発向し、22日の午《うま》の刻（午後0時頃）に武蔵国二俣川《ふたまたがわ》において重忠軍１３４騎に遭遇した。

芳年《よしとし》武者《むしゃ》旡類《ぶるい》 畠山庄司重忠　幕末から明治にかけて活躍した浮世絵師月岡芳年の作品。芳年武者旡類はその中でも武者絵の傑作32枚をあつめたもので、本図は二俣川で散る畠山重忠を描いたもの（所蔵：国立国会図書館）

合戦は4時間ほどに及んだが、申《さる》の斜《ななめ》（午後5時頃）に重忠は愛甲季隆《あいこうすえたか》の矢を受けて討死《うちじに》、子息重秀はじめ郎従は自殺した。

23日の未《ひつじ》の刻（午後2時頃）に義時等は鎌倉に帰参した。同日の酉《とり》の刻（午後6時頃）に、鎌倉中にまた騒動があり、経師谷口において三浦義村が榛谷重朝《はんがやしげとも》とその子重季・秀重を討った。榛谷重朝は稲毛重成《いなげしげなり》の弟である。重成は大川戸行元《おおかわどゆきもと》に、重成の子重政は宇佐美祐村《うさみすけむら》に討たれた。大川戸氏は三浦氏の庇護により頼朝に仕えることになった一族である。

平賀朝雅を討つ

時政と牧の方の陰謀が発覚し、鎌倉から追放されたのはこの2カ月後である。時政が伊豆国北条郡に向けて出立し、義時が執権のことをうけたまわることになった閏《うるう》7月20日、大江広元、三善康信《みよしやすのぶ》、安達景盛《あだちかげもり》等が義時亭に参会し、平賀朝雅の追討を在京御家人に命じる使節の派遣を決めた。

実朝が花押《かおう》を加えた文書を持参した使節は同日のうちに鎌倉を立ち、25日に入洛《じゅらく》した。

その日の夜、朝雅は院御所《いんご》京極殿《しょきょうごくどの》の内北面に、当番で詰めていた。居合わせた人々とともに蓮華王院《れんげおういん》宝物の絵を見ていたところ、朝雅の従者が来て何事かささやいたので、朝雅はしばらく立ち話をしていたが、座に戻って再び絵を鑑賞した。その後、「急用ができたので退出するが帰ってくる」と人々に告げて退出した。

鎌倉から届いた実朝加判《かはん》の文書は後鳥羽上皇に披露された。幕府からの奏上を朝廷に伝えるのは京都守護の役目であるが、この場合は内容が朝雅を討つというものであるから、朝雅が院奏《いんそう》を行うわけがない。とするとその役目を務めたのは中原親能《ちかよし》かとも考えられるが、史料にその名は残されていない。しかしこの件について院奏が行われたと『愚管抄』は記しているし、夜明け前に武士たちが院御所に群集《ぐんしゅう》したとの情報を、藤原定家《さだいえ》はその日記『明月記《めいげつき》』に書き留めている。

院御所に集結した武士は朝雅の六角東洞院亭を襲撃した。朝雅はしばらく戦ったが、家に火をかけて大津《おおつ》方面に落ちた。粟田口《あわたぐち》から山科《やましな》に向かう途中の松坂あたりで朝雅は武士たちに追いつかれ、自害した。朝雅の首は金持広親《かねもちひろちか》によって院御所に持参され、後鳥羽上皇が大炊御門《おおいのみかど》面においてこれを実検した後、再び松坂に持ち向かわれ梟首《きょうしゅ》された。

29日に定家が摂政九条良経《くじょうよしつね》亭で聞いた巷説《こうせつ》によると、朝雅追討の先登《せんとう》を務めた佐々木経高《つねたか》は、朝雅を攻めた自分が後鳥羽上皇から追討されることを恐れ、宿所に従者を集め、門を閉ざして立て籠った。これにより京中はまた騒動になった。

上皇からは、まったくそのようなことはあるはずもなく、安堵すべきことが仰せ下された。朝雅は上皇の近臣として振る舞っていたし、追討される前夜も当番で御所の内北面に詰めていたから、朝雅を討つことは上皇の意に反するものであったかもしれない。しかし上皇は、朝雅追討に従った武士を敵視するようなことはしなかった。

時政と牧の方の間の三女を妻としていた宇都宮頼綱《うつのみやよりつな》は謀反の嫌疑を懸けられ、8月16日に出家、翌日宇都宮を立って、19日に鎌倉に着き、義時亭に参上したが、義時は面会しなかった。そこで頼綱は結城朝光《ゆうきともみつ》に託して髻《もとどり》を献じ、朝光が慇懃に取り次いだ

蓮生（宇都宮頼綱）像　法然とその高弟証空の弟子となった宇都宮頼綱の肖像。おそらく南北朝期以降に描かれたもの（所蔵：三鈷寺、提供：栃木県立博物館）

ので、義時は髻だけを見分した後、朝光に預けた。

この年11月3日、稲毛重成の遺臣小沢信重《おざわのぶしげ》が公卿綾小路師季《あやのこうじもろすえ》の2歳になる姫を伴って京都から下向してきた。姫の母は重成の女子であるので、乳母夫《めのとぶ》である信重は姫が重成の罪に連座することを恐れて隠れていたが、政子の内々の仰せを受けて参上したのであった。姫は政子にとっては姪《めい》に当たる。

翌日、姫は政子の猶子《ゆうし》（仮の親子関係）とされ、重成の遺領武蔵国小沢郷を安堵《あんど》された。後に政子は16歳になった姫を伴って上洛し、土御門通行《つちみかどみちゆき》と結婚させた。姫は通行の子通持《みちもち》を産み、通持の子通尚《みちひさ》は関東に住んで小坪三位《こつぼさんみ》と呼ばれることになる。

時政は建保《けんぽう》3年（1215）正月6日、伊豆国北条郡で亡くなった。78歳であった。腫物《はれもの》を患っていたという。

時政の13年忌に当たる嘉禄《かろく》3年（1227）正月23日、牧の方は藤原国通の有巣河《ありすがわ》亭において追善供養を催した。国通は平賀朝雅室の後夫《ごふ》になっていた。宇都宮頼綱の妻とその女も来会した。頼綱の女は藤原為家《ためいえ》の妻になっていた。

27日には牧の方は子孫の女房を引率して、天王寺と七大寺《しちだいじ》、長谷《はせ》の参詣に出かけている。

北条時政の墓　願成就院に残る北条時政の墓。願成就院は頼朝の奥州合戦の戦勝を祈願して、北条時政が建立した寺

朝雅追討――「在京の武士、畿内の家人を動員して追討せよ」

藤原定家が記録した日記『明月記』より、朝雅が追討されるまでの記述を読み解く。

二十六日。天晴れ。鶏鳴《けいめい》の後、舎人《とねり》の男が走り来て言うには、院の御所に武士が群集し、旌旗《せいき》が多く立てられているとのこと。驚いて起き、人を遣《や》って様子をうかがわせると、出入りを禁じ門を閉ざしているという。まったく事情がわからないので、未明に殿（摂政九条良経）に参上した。

間もなくお出ましになり、仰せられることには、「丑《うし》の時（午前2時頃）、義成が申すには、『関東より実朝加判の文書が届き、朝雅は謀反の者である、在京の武士、畿内の家人を動員して追討せよとのことでした。そこで院の御所に馳せ参じたようです。このほかに聞いていることはありません』とのことだった」と。

ある説には、時政の嫡男の相模守義時が時政に背《そむ》き、将軍実朝母子と同心して継母の党を滅ぼしたという。これまた実否が不明である。この間、朝雅は従類《じゅうるい》を召し集めて家にいた。殿が長俊朝臣を御使として院に進められたところ、帰参して言うには、「ただちに参上せよ」とのこと。そこで院に参上された（日の出の頃。冠・直衣を着用された）。前駆の装束は衣冠《いかん》の者と布衣の者が交じっていた。能季朝臣《よしすえあそん》が御供したが、自分（定家）は退出した。

二条大路で武士に遭遇した。御所より朝雅宅に向かうところだという。自分は自宅に戻り、軽食をとり休憩していたところ、南方に火が見えた。院方から火を放たれたという。この間に陣を構えて攻撃をはじめていたという。官軍の人数は少なく、先駆けした輩は多く流れ矢に当たって逃げ帰ったという。

京中が陥った恐怖は喩《たと》えようがなかった。この間に三条坊門殿に帰参し、信定に対して、「若君（良経の男基家）は他所に行かれるべきか。ここはすでに戦場である。万一のことがあってはならない」と申した。信定は女房に伝えたが、女房は「若君はこの間具合が悪く、他所に行かれるのは不都合です」と答えた。

しばらくして兼時朝臣も参り、自分と同じ意見を言ったので、もう一度女房に伝え、女房もようやく承諾した。そこで御車を用意し、様子をうかがっていたところ、人々がだんだん集まってきたので、順次院に参上させた。兼時もまた参上した。巳《み》の時

（午前10時頃）の頃、官軍はしばしば疵《きず》を被《こうむ》り、また火を三条面に放ったという。

煙と炎が飛んできた。この間、再度女房に申して、御車を寄せた。侍一両人が御供していた。重季朝臣、自分、信定が御供した。三条坊門小路を西に進み、町小路を南に進み、五条大路を東に、東洞院大路を南に進み、女院（宜秋《ぎしゅうもんいん》門院、良経の妹）の御所にお渡し申し上げた。自分はただちに法性《ほっしょうじ》寺殿に参り、宰相殿（良平、良経の弟にして養子）にお目にかかり、これらのことを申し上げた。また九条殿に参り、女房に会って退出、八条殿にも参り、また退出した。

東洞院大路を北に向かったところ、七条のあたりで、障子や翠簾《すいれん》などの雑具を持っている人に多く出会った。「武蔵（朝雅）がすでに逃亡したので、その宅を壊し取った」と皆言っていた。それを聞いて自分は喜び、急いで帰った。

路頭はすでに平穏であった。そこで（朝雅の）六角宅の門前に行って中をうかがうと、寝殿が焼かれていて、無常が目に浮かんだ。また三条坊門殿に参り、侍を召し出して九条殿に参るように申し付けた。皆、馬がないというので、連れてきた侍の馬を取って乗らせた。その後帰宅した。世間はようやく鎮《しず》まった。

未《ひつじ》の時（午後2時頃）に殿下（良経）がお戻りになったというので、また参上した。殿下が仰せられるには、「武士が戦場に向かい、御所が手薄になったので、諸門を閉ざした。この間、御所には武具がまったくなく心細いことであったが、今このように静まったのは神仏の助けであろうか」と。

しばらく伺候していたところ、申《さる》の時（午後4時頃）ばかりにまた人々が言うには、「朝雅の首がすでに到来した。金持という武士が追って討ち取った。これもまた私の意趣があったという。院の御所に持参し、大炊御門《おおいのみかど》面において御覧になった後、松坂に持ち向かい懸けた」と。また人々が言うには、「時政朝臣は頼家卿のように伊豆山に幽閉され出家した」と。申《さる》の終わりごろには天下が鎮まったので退出した。

朝雅は前日の夜、当番で内北面に伺候していた。人々は蓮華王院所蔵の絵を見ていた。朝雅も共に見ていたが、所従が来て密かに語ることがあり、しばらく立って問答した後に座に戻り、さらに絵を見た。かなり時間がたってから、「少し急用ができたので罷《まか》り出るがまた帰参する」と人々に触れて退出したという。

この時はじめて聞いたのであろうか。

第1章のまとめ

時政と義時の危機

義時は、頼朝の挙兵以来、父時政とともに歩んできた。鎌倉殿頼家を廃し実朝を立てた時も、畠山重忠を討った時も、義時は時政に同調した。しかし、鎌倉殿実朝を廃し平賀朝雅を立てるという父の計画には従うことができなかった。

逆転の一手

実朝は時政亭にいたが、時政と対立する決意を固めた政子と義時は長沼宗政らを遣わし、実朝を義時亭に移した。それにより時政亭に集まっていた武士はことごとく義時亭に移り、計画の破れたことをさとった時政は出家し、伊豆に引退した。

POINT

政局の主導権を握る鍵は鎌倉殿にあった。鎌倉殿とともにある側を武士たちは支持した。父の計画を知った政子と義時がすみやかに決断し、鎌倉殿実朝の身柄を確保したことで、時政は計画の失敗を悟り、引退を受け入れた。

第2章

和田の乱——宿老間の危機

1 幕政の担い手

『吾妻鏡』は時政が伊豆に引退して義時が執権のことをうけたまわると記しているけれども、時政がそれまで行使していた権限を義時がただちに継承したわけではない。

時政の権限を目に見えるかたちで示すのが下知状《げちじょう》における時政の署判《しょはん》である。下知状は下文《くだしぶみ》と同等の機能を有する文書であり、下文の代わりに用いられたが、時政の署判により発給された。時政の引退後も下文ではなく下知状が用いられたが、下知状に署判を加えるのは、『吾妻鏡』が執権のことをうけたまわったと記す義時ではなく、大江某・中原師俊《なかはらのもろとし》・二階堂行光《にかいどうゆきみつ》・中原仲業《なかなり》・惟宗《これむね》孝実の5人であった。単独ではなく5人連署で発給されたのである。

建永《けんえい》元年（1206）7月から翌年6月までの間に、下知状の筆頭に署判を加えていた大江某が抜け、代わりに清原清定《きよはらのきよさだ》が中原仲業の次、惟宗孝実の前に入った。建永2年6月以降に署判を加えている5人は、後に政所下文にも署判を加えている。

承元《じょうげん》3年（1209）4月10日に実朝が従三位に叙せられ、そのことを知らせる京都からの使者が22日に鎌倉に到着したのを機に、実朝は政所始を行い、それ以後政所下文が発給されることになった。政所下文に署名したのは、別当《べっとう》として北条義時、中原師俊、大江親広、北条時房、中原仲業、令《れい》として清原清定、知家事《ちけじ》として惟宗孝実、案主《あんじゅ》として清原実成である。別当（長官）・令（次官）・知家事（事務方）・案主（事務方）が下文に署判を加える政所職員ということになる。

ここではじめて義時が文書に署判を加える者として登場する。別当は5人いるけれども、義時は最上位である。承元3年（1210）7月から建暦《けんりやく》2年（1212）閏《うるう》正月までの間に、大江親広・北条時房の署判の位置が中原師俊の上位になり、案主が清原実成から菅野景盛《すがのかげもり》に交替した。

表に出ない義時

つまり義時は、承元3年以前には文書の発給に関与していないし、同年以降は政所別当の一人として政所下文に署判を加えるようになるけれども、この時点での別当5人が幕政の主導権を握っていたとはいえない。そもそも、この時期の政所下文には大江広元の署判が見えないのである。

『吾妻鏡』を繙《ひもと》いてみても、この時期の政務の記事に義時の名があまり見いだせない。たとえば、建永2年（1207）6月22日、京都から坊門信清の使者が鎌倉に参着し、仁和寺御室《にんなじおむろ》の道法法親王《どうほうほっしんのう》（後白河上皇の皇子）の令旨《りょうじ》を進めた。紀伊《きい》国（和歌山県）の土民が高野山に乱入し、狩猟を行い、寺領を押妨《おうぼう》する。その張本《ちょうほん》が和泉《いずみ》（大阪府）・紀伊の守護代であるので、関東の沙汰《さた》として狼藉《ろうぜき》をやめさせてほしいと金剛峯寺《こんごうぶじ》が御室に訴えてきたので、御室は同寺所司《しょし》の申状《もうしじょう》を副《そ》えて信清に相談した。信清が将軍御《み》台所《だいどころ》の父であるからであろう。そこで、信清は御室の令旨を鎌倉に進めたのである。

24日、この件について御所で沙汰があった。和泉・紀伊両国の守護は佐原義連《さわらよしつら》であったが、義連の死後、後任が補任されていない。一方で、和泉・紀伊両国は上皇の熊野参詣の路次《ろじ》にあたり、駅家《うまや》雑事《ぞうじ》（駅家を管理するための諸役）の負担がある。そこで、今後はよほどのことがない限り、両国に守護を置かず、上皇のお計らいとすることを決めた。そして、義連の代官を両国から召し上げるべきことを京都守護中原親能《ちかよし》に命じた。このことを奉行したのは大江広元であると『吾妻鏡』は記している。「奉行」とは、仰せを受けて実行することを意味する。

この時期の広元の役割を通覧してみると、実朝の側近にあって、もろもろの報告を実朝に取り次いだり、逆に実朝の仰《おお》せを関係者に伝えたりする役割を果たしているように見える。とすると、本件を広元が奉行したということは、上記の決定が広元の判断により行われたということではなく、上記の決定を将軍実朝のものとして広元が伝えたということを意味しているのではないか。

承元4年（1210）8月11日には信濃善光寺の地頭職が停止された。頼朝の時代、狼藉を鎮め住侶《じゅうりょ》を安堵させるために地頭を補任することが議《ぎ》され、長沼宗政《ながぬまむねまさ》が、我が身は前世の罪人であるので、結縁《けちえん》に遇《あ》うために、この寺の生身如来《しょうじんにょらい》の地頭に補していただきたいと請うたので、それを認め、地頭職補任の下文を与えた。ところが年数がたち、地頭がかえって寺家に煩《わずら》いをなすようになってきたので、善光寺の本所《ほんじょ》である園城寺《おんじょうじ》が地頭職の停止を求める書状を送ってきたのである。

この日、地頭職停止の下文が発給され、翌12日、園城寺に対する返書が作成された。本件を広元が奉行したと『吾妻鏡』は記しているが、善光寺地頭職停止を決定したことを園城寺に知らせたのが広元であるということであろう。『吾妻鏡』が奉行した者として広元の名を載せる場合、広元が決定権者であったことを意味するものではなく、将軍実朝の名による決定を関係者に伝える役割を広元が負っていたことを示すものと考えられる。

▲奉行する人々

『吾妻鏡』には奉行した者として広元以外の名も見える。たとえば清原清定であるが、清定は政所下文には令として署名している。

承元2年（1208）7月15日、武蔵国威光寺《いこうじ》の院主《いんじゅ》円海が参上して訴訟した。前月26日、寺領に狛江《こまえ》増西が50余人の悪党を率いて乱入し、苅田《かりた》狼藉《ろうぜき》を行ったという。増西はちょうど鎌倉に参候していたので召決《しょうけつ》したところ、円海の主張に間違いなかったので、濫妨停止を命じた。また増西に贖罪《しょくざい》のため永福寺《ようふくじ》の宿直百カ日を勤めさせることとした。『吾妻鏡』は本件を奉行したのは清定であるとする。

建暦元年（1211）4月2日、陸奥国長岡郡小林新熊野社住僧隆慶《りゅうけい》と長岡郡地頭平資幹《すけもと》の相論《そうろん》が裁許《さいきょ》された。隆慶は資幹が新熊野社の神田《しんでん》を押領したことを訴えていたが、問注所《もんちゅうじょ》から審理の報告があり、この日実朝の御前で評定《ひょうじょう》が行われたのである。新熊野社は藤原秀衡《ひでひら》の時代に清原実俊《さねとし》が私的に建立したものであるので、神田は勅免《ちょくめん》の地ではない。したがって郡の地頭が収公《しゅうこう》することに異議を申し立てることはできない。そのため秀衡が30町を寄進し、資幹が10町を加えたのは尊重して40町を神田として認め、それ以外の土地に対する隆慶の訴訟を却下する。以上がこの日、御前において裁許された内容であった。

この裁許を奉行したのは清定であると『吾妻鏡』は記している。また、清定の奉行した上記の2件は訴人《そにん》（原告）と論人《ろんにん》（被告）のいる相論を裁許したものであるが、同様に相論の裁許を奉行した者として中原仲業《なかなり》がいる。仲業は、政所下文には別当として署判を加えている。

承元3年（1209）5月5日、出羽国羽黒山衆徒《はぐろさんしゅうと》と地頭大泉氏平《おおいずみうじひら》の相論が仲業の奉行により裁許された。氏平が羽黒山の料田《りょうでん》を収公したり山内に介入したりしたことを衆徒が訴えたのである。それに対して、氏平が先例に反して無道を行うことを戒《いまし》める裁許が下された。

承元4年12月21日に仲業は問注所寄人《よりうど》を兼ねることになった。『吾妻鏡』はこの日の条に仲業が中原親能の家人であり、文筆能力を買われて幕府に召し使われることになった由緒を記している。しかし仲業が幕政に関与していることを示す記事はこれ以前にも多くあり、その最初は建久2年正月15日の頼朝の政所吉書始《きっしょはじめ》に関するもので、仲業は親能と並んで公事奉行人7人の一人として登場する。

おそらく仲業はもともと親能の家人であったけれども、親能の推挙により幕府に仕えることになったのであり、その時期は建久2年までさかのぼるのである。ただ親能が承元2年12月18日に亡くなったことで、仲業に問注所寄人の地位が与えられたものかもしれない。

承元4年3月17日、阿蘇《あそ》社領に対する他所の神人《じにん》の乱入を停止する命令が仲業の奉《ほう》書《しょ》により出されている。奉書というのは主人の仰せを伝えるために侍臣《じしん》が自分の署判でしたためる書状のことである。仲業が伝えるのはもちろん将軍実朝の仰《おお》せである。仲業が署判を加えているけれども、内容は主人実朝の仰せであることを示すために、書止《かきと》めに「仰せに依り言上《ごんじょう》くだんの如し」という文言を用いている。

将軍実朝の仰せを伝える奉書のことを関東御教書《みぎょうしょ》と呼んでいるが、この時期の関東御教書の奉者としては中原師俊《もろとし》もいる。師俊も政所下文には別当として署判を加えている。

建永2年（1207）8月11日、加賀国江沼郡菅生天神《えぬまぐんすごうてんじん》について本所延暦寺の訴訟を受けた幕府は、京神主職《かんぬし》と下司職《げし》を別々に知行《ちぎょう》させる折衷案を実朝の書状により伝えるが、下司職を知行させる江尻盛俊に対しては23日付の師俊の奉書が渡されている。

もう少し後の時期、建保《けんぽう》2年（1214）以降には、二階堂行光が関東御教書の奉者として現れる。行光は、元久《げんきゅう》2年（1205）から承元《じょうげん》3年（1209）にかけては師俊・仲業と並んで下知状に署判を加えており、建保2年以降の政所下文にも別当として署判を加えているが、承元3年に実朝が政所開設資格を得て、従来の下知状から政所下文に文書様式を切り替えた時に、ただちには別当として署判を加えていない。しかし政所下文に署判を加えていない時期においても、行光が政務に関与していたことを、『吾妻鏡』は伝えている。

承元5年（1211）正月10日、政所と問注所の年始の吉書始が行われたが、『吾妻鏡』は三善康信と行光がそれぞれ参向《さんこう》したと記している。康信は問注所執事である から、行光は政所執事として参向したものであろう。

中原師俊・二階堂行光・中原仲業は元久2年以後、下知状に連名で署判を加え、また単独で関東御教書の奉者になることもあった。仲業は頼朝将軍期には7人の公事《くじ》奉行人の一人であったが、実朝将軍期、時政引退後のこの時期には、師俊・行光・仲業がかつての公事奉行人に相当する職務を務めていたといえよう。

▲義時の政務との関わり

さて、義時は承元3年以降、政所下文に別当として署判を加えるようになるが、その権限は時政が下知状に単独で署判を加えたのに相当するとはいえない。『吾妻鏡』にも義時の政務との関わりについてあまり多くは記されていないが、義時が大江広元・三善康信と評議を行ったことが、いくつか記されている。

建永《けんえい》元年（１２０６）５月６日、義時・広元・康信は伊勢神宮祭主の大中臣能隆《おおなかとみのよしたか》の訴訟について評議した。加藤光員《みつかず》は能隆の家司《けいし》（家臣として仕える者）であるのに長年関東に伺候し、武威に募り、能隆の所勘《しょかん》に従わない。神領についても勝手に数カ所を知行している。その上、能隆には断らずに、前年11月に検非違使《けびいし》（京都の警察・裁判を行う官職）に補された。この職は停止されるべきである。以上が、能隆の訴訟であった。

これに対して評議により、次のように決められた。光員の神領知行については禁遏《きんあつ》する。検非違使の職については、光員は院の西面に伺候しているので、後鳥羽上皇の計らいによるものであろう。したがって、関東ではこの問題に関与しない。

承元４年（１２１０）７月20日には上総国在庁の訴訟について評議した。院の北面に仕える藤原秀康が前月17日に国守に任ぜられ、使者が入部して国務を行ったが、先例に背《そむ》く非義であったので、在庁と対立して喧嘩となり、数人の土民が刃傷《にんじょう》されたというのが訴訟の趣旨であった。評議の結果、本件は関東の関与すべきことではないので、朝廷に訴えるべきことが仰せられた。

義時と政務との関わりは意外に明らかではないけれども、義時はこの時期、御家人の筆頭と目されるべき地位にはあった。そのことを示すのが、年頭に将軍に饗膳《きょうぜん》を献上する垸飯《おうばん》という儀礼である。

頼朝の時代、元日の垸飯を務めたのは千葉常胤《つねたね》か足利義兼《よしかね》で、2日目以降を三浦義澄・小山朝政・宇都宮朝綱が務めた。元日に義兼が、2日に常胤が務めた年もある。ただし、義兼が垸飯を務めたのは、源氏のなかで頼朝の門葉《もんよう》に連なることを誇らず臣従する姿勢を示したことによるものかもしれない。

頼朝の死後、垸飯沙汰人として時政が登場し、常胤の上位に立つ。正治《しょうじ》2年（1200）の垸飯沙汰人は、元旦が時政、2日が常胤、3日が義澄、4日が大江広元、5日が八田知家、6日が大内惟義、7日が小山朝政、8日が結城朝光、13日が土肥遠平《とおひら》、15日が佐々木定綱である。

源頼朝木像　頼朝の死後まもなく、政子の命でつくられたという木像。戦国時代の武田信玄が川中島の戦いに際して、信濃善光寺に戦火が及ぶことを懸念し、甲斐善光寺へ移したという（所蔵：甲斐善光寺）

『吾妻鏡』の垸飯に関する記事には脱落も多いのであるが、元久2年の垸飯も元日は時政が、3日は千葉成胤《なりたね》が務めている。そして、時政の引退後、義時が垸飯沙汰人として登場する。

建暦《けんりゃく》元年（1211）と同2年には、元日に義時、2日に広元、3日に小山朝政が務めている。建暦3年には元日に広元、2日に義時、3日に北条時房、4日に和田義盛が務めている。

2 和田合戦

建暦2年（1312）12月28日戌《いぬ》の刻（午後8時頃）、鎌倉中に騒動が起きた。年末の忩劇《そうげき》とは異なり、謀反の動きがあるのではないかと疑われた。

翌年2月15日、千葉成胤《なりたね》が信濃国住人青栗七郎《あおぐりしちろう》の弟阿静《あじょう》房安念《ぼうあんねん》を生け捕り、義時に渡した。安念は反逆への合力《ごうりき》を求めて成胤の甘縄（鎌倉市）の家に訪れたのであるが、成胤はこれに与《くみ》せず、かえって安念を召し捕らえたのである。義時は広元と評議し、安念の身柄を二階堂行村《ゆきむら》のもとに送り、実否を糾問させることとした。

16日、安念の白状により、市村近村以下11人が生け捕られた。捕らえられたなかに、和田義盛の子息四郎左衛門尉義直《しろうさえもんのじょうよしなお》・六郎兵衛尉義重《ろくろうひょうえのじょうよししげ》、義盛の甥平太胤長《たねなが》も含まれてい

三浦・和田氏関係図

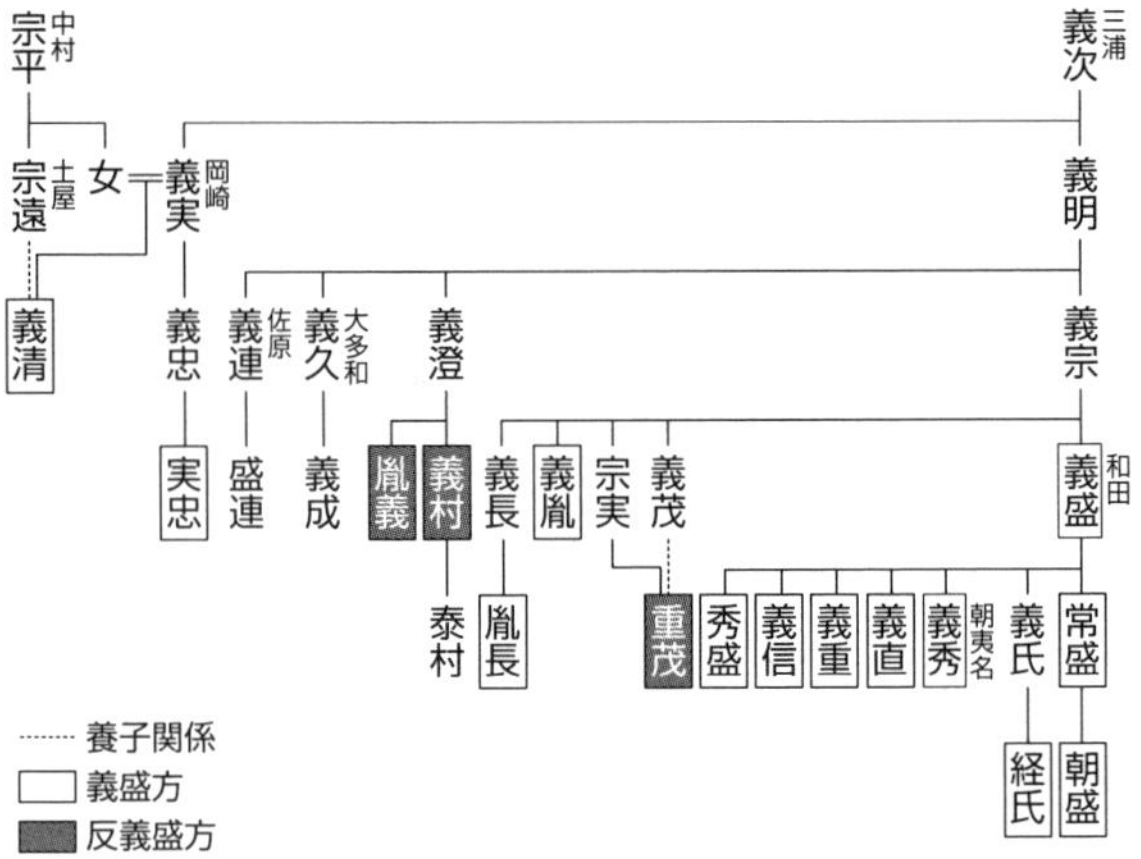

た。義直は伊東祐長《すけなが》に、義重は伊東祐広《すけひろ》に、胤長は金窪行親・安東忠家《あんどうただいえ》に預けられた。このほかに謀反の張本《ちょうほん》が130余人、伴類《ばんるい》（一味）が200人に及ぶことがわかり、これを召し進めることが国々の守護人に命じられた。

事の起こりは、信濃国住人泉親衡《いずみちかひら》が前々年より謀逆を企て、頼家の次男千寿を大将軍として義時を討つことを計画したことであった。

27日、謀反の輩が配所に遣わされた。

3月2日、違橋《たがえばし》（筋違橋《すじかえばし》）に隠れていた泉親衡を召し捕らえるために工藤十郎が遣わされたが、親衡は工藤十郎と郎従数人を殺戮《さつりく》し逐電《ちくでん》した。

8日、鎌倉の騒動を聞きつけた遠近の御家人が群参《ぐんさん》した。和田義盛も上総国伊北《かずさのくにいほくの》庄《しょう》より馳せ参じ実朝に対面した。義盛のこれまでの勲功に免じて、義直・義重の罪名は除かれた。

9日、義盛は一族98人を率いて御所に参上し、南庭に列座《れつざ》して胤長の赦免《しゃめん》を願った。しかし許容はなく、胤長は金窪行親・安東忠家より二階堂行村に渡された。その際、胤長が面縛《めんばく》（両手を後で縛られ、顔をさらすこと）されて一族の座の前を渡されたことが、義盛の逆心の原因となったと『吾妻鏡』は記している。

17日、胤長は陸奥国岩瀬郡（福島県）に配流された。

19日、この日は庚申《こうしん》に当たっていたので、御所では日待ちの和歌会が催されていたが、深夜義盛の宿館を50人ばかりの武装した兵士が徘徊しているとの情報があり、用心のために和歌会は中止された。義盛亭を徘徊していたのは、和田義盛の縁者である横山時兼《よこやまときかね》の兵であった。

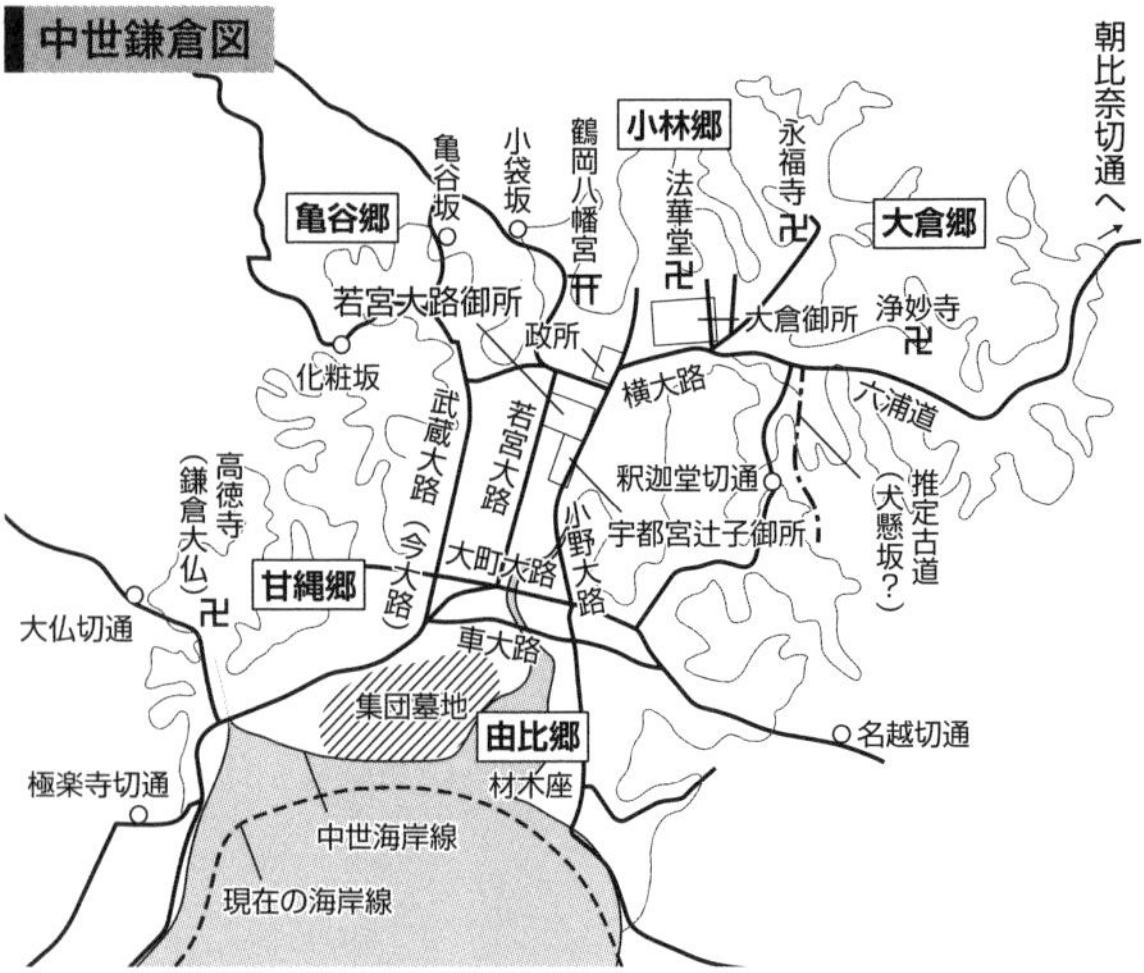

25日、荏《え》柄《がら》天神《てんじん》前、御所東隣の胤長屋地を拝領することを義盛が願い出て許された。一族の所領が収公された場合には他人には給与されないのが頼朝の時代の先例であること、御所に宿直伺候するのに、この地が便利であることを義盛が訴えたことによった。ところが4月2日になって、この土地があらためて義時に与えられ、義時はこれを金窪行親・安東忠家に分給した。行親・忠家は、前給人義盛の代官久《く》野《の》谷《や》弥《や》次《じ》郎《ろう》を追い出して卜居《ぼっきょ》した。

5月2日、義盛宅近隣の八田《はった》知重《ともしげ》は、

将軍御所周辺の図

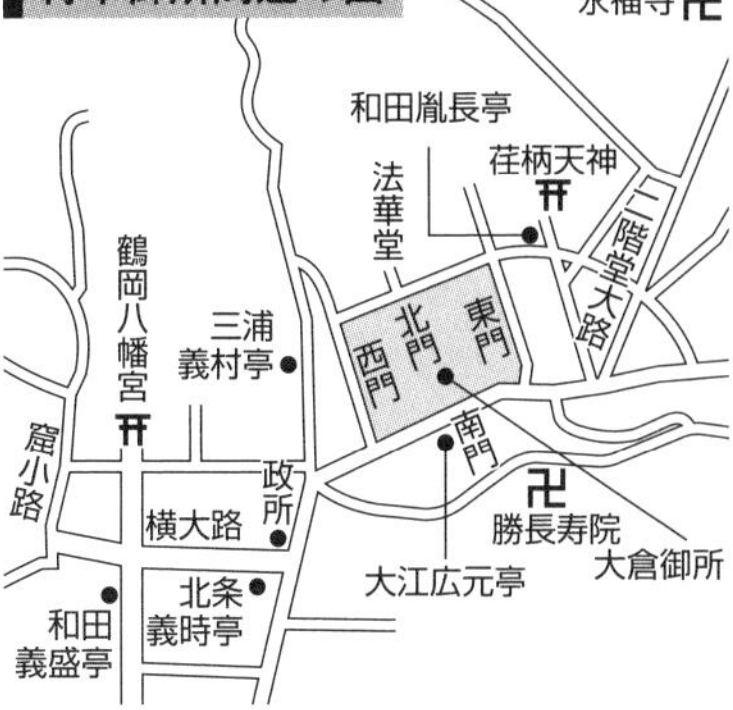

義盛が合戦の準備をしていると大江広元に告げた。三浦義村は義盛の出軍を義時に告げた。広元・義時は御所に参上し、政子と実朝の御台所は、御所の北門を出て、鶴岡別当坊《べっとうぼう》に避難した。

申《さる》の刻（午後4時頃）、義盛は150の軍勢を三手に分け、幕府南門と小町上の義時亭の西北両門を攻撃した。義盛軍は御所南面の横大路に到り、御所西南政所前において合戦。酉《とり》の刻（午後6時頃）、義盛軍は御所の四面を囲み、惣門《そうもん》を破り、南庭に入り、御所に火を懸けた。実朝は火災から逃れるため、義時・広元とともに頼朝の法華堂に避難した。明け方、義盛軍は前浜《まえはま》（鎌倉市の由比が浜）に撤退した。泰時は中下馬橋《なかのげばばし》を警固。米町辻《こめまちつじ》、大町大路《おおまちおおじ》等の切所《せっしょ》に於て合戦があり、広元は文籍を守るために法華堂より政所に戻った。

義盛、討ち取られる

3日、寅《とら》の刻（午前4時頃）、横山時兼が数十人を引率し、腰越浦《こしごえうら》に馳せ来《きた》った。時兼軍の合力《ごうりき》を得て義盛軍は3000騎となり、勢いを盛り返した。辰《たつ》の刻（午前8時頃）、曾我《そが》・中村・二宮・河村の輩が群がり集まり、武蔵大路《むさしおおじ》や稲村崎《いなむらがさき》に陣を置いた。法華堂御所から召喚があったが、これが将軍実朝から出されたものであるかについて疑いを抱き、すぐに参上せず、御教書の発給を求めた。数百騎のうち波多野朝定が疵《きず》をこうむりながら召しに応じ、石橋の砌《みぎり》に参って御教書を書いた。実朝の花押を載せた御教書は安芸国住人山太宗高によって遣わされ、軍兵《ぐんぴょう》はことごとく将軍方に参った。千葉成胤も馳せ参じた。

巳《み》の刻（午前10時頃）、武蔵以下の近国のしかるべき御家人に対して、義時・広元の連署《れんしょ》に実朝の花押を載せた文書が発給された。和田義盛・土屋《つちや》義清《よしきよ》・横山党が謀反

紙本金地著色和田合戦図　江戸時代の絵師、竹之下信成筆と伝わる和田合戦を描いた六曲屏風（所蔵：都城市立美術館）

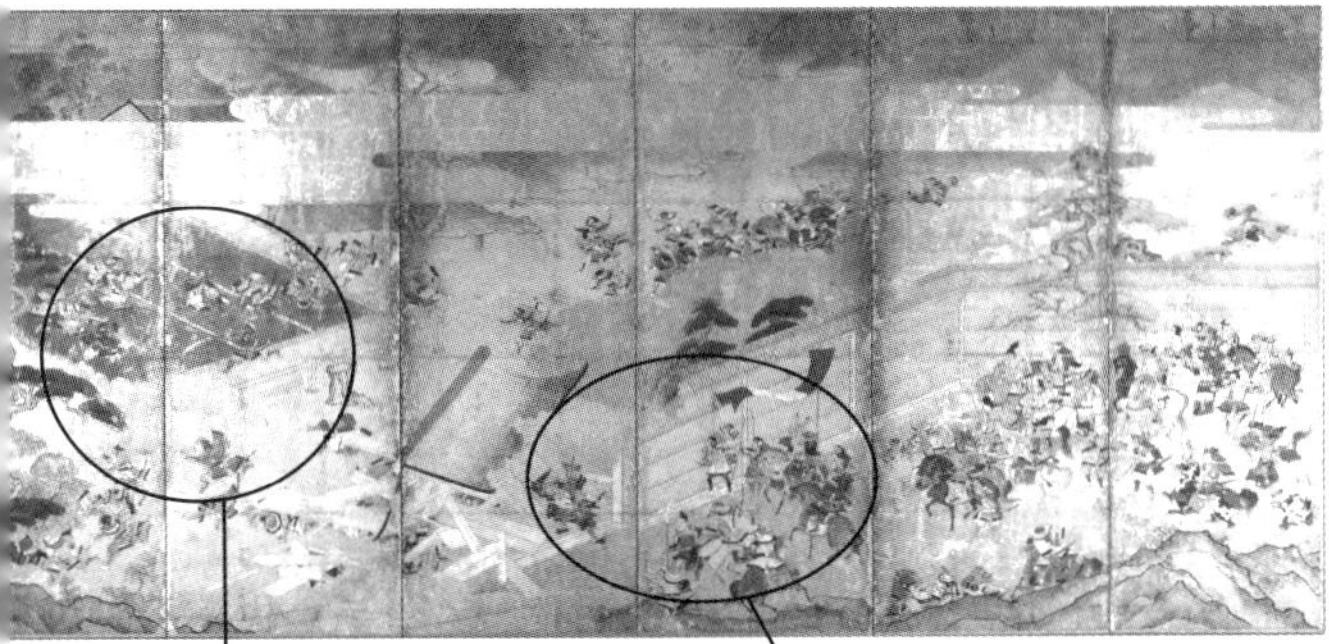

朝夷名義秀が門を破る場面。義秀は水中でサメを３匹捕まえるほどの豪傑。紅白旗の下では和田義盛が馬上で指揮を執る

押っ取り刀で飛び出してくる中央の侍烏帽子の武者が、御所を守って奮戦した北条泰時だと考えられる

を起こしたが実朝は無事であるから、近辺の者を集め、落人《おちうど》を討ち取るようにという内容であった。

土屋義清は甘縄から亀谷《かめがやつ》に入り窟堂《いわやどう》の前の路から旅御所に参ろうとして若宮赤橋の砌で流矢《ながれや》に当り討死した。酉《とり》の刻（午後6時頃）、和田義直が伊具《いぐ》盛重《もりしげ》に討ち取られ、義盛も江戸能範の所従に討ち取られた。義盛の他の子息四人も討死した。義盛の嫡子常盛《つねもり》とその子朝盛《とももり》、横山時兼等6人の大将軍は戦場を逃れ逐電した。500騎ばかりの兵は浜に出て6艘の船で安房（千葉県）に渡った。

戦後処理と合戦に関わった者達の命運

戦闘が収まった後、義時・広元連署、実朝加判の文書が酉《とり》の刻付で、京都に遣《つか》わされた。和田義盛・土屋義清・横山時兼および相模の者どもが謀反を起こしたが、義盛は落命し、将軍は無事である。しかし謀反人の一族の者は多いし、戦場から逃れた者もいる。海から西海に落ち延びることもありうる。五条有範・佐々木広綱はそちらの御家人にこの文書の写しを回覧して状況を周知し、用意を怠らず、落人を討ち取るようにせよという内容であった。

有範・広綱は後に承久の乱では京方に加わるが、在京御家人を統率する立場にあったことがわかる。

4日、和田常盛と横山時兼の首が届いた。二人は甲斐国坂東山償原別所《ばんどうやまつぐはらべっしょ》において自殺したのであった。固瀬川《かたせがわ》に234の首級が梟《さら》された。辰《たつ》の刻（午前8時頃）、実朝は法華堂を出て東御所政子亭に入った。その後、西門に幕を引き、両日合戦で疵《きず》を負った者を実検した。疵を負った者は988人にのぼった。

5日、義盛・時兼以下の謀反人の所領が没収され、勲功の賞に充てられることになった。義盛の美作国《みまさかのくに》（岡山県）守護職、時兼の淡路国《あわじのくに》（兵庫県）守護職・武蔵国横山庄などである。守護職の後任には美作は義時、淡路は佐々木経高が補せられたようである。

6日、実朝は広元亭に入った。

9日、義時・広元が連署し実朝が加判した文書が在京御家人に遣わされた。関東はすでに静謐に属したので、在京の武士は関東に下向せず、院御所を守護すること、また謀反人が西海を徘徊しているとの風聞があるのでその用意をすることを命じたものであった。3日の飛脚は8日戌《いぬ》の刻（午後8時頃）に、9日の飛脚は14日丑《うし》の刻（午前2時頃）に入洛《じゅらく》し、22日に鎌倉に戻った。

9日、和田胤長は、配所の陸奥国岩瀬《いわせ》郡鏡《ぐんかがみ》沼《ぬま》南辺において誅《ちゅう》された。

『吾妻鏡』5月6日条には2日・3日の合戦で討たれた人々の記録が載せられているが、それによると、謀反人として討たれたのは、和田義盛一門13人、横山時兼一党30人、土屋義清一門10人、山内政宣《やまのうちまさのぶ》一門20人、渋谷《しぶや》高重《たかしげ》一門8人、毛利《もうり》景行《かげゆき》一門10人、梶原朝景以下鎌倉党13人、その他37人である。和田義盛・横山時兼・土屋義清を中心に相模の武士団が与力《よりき》したものであった。

横山時兼は叔母が義盛の妻であり、妹が常盛の妻であった。ただし時兼は61歳、義盛は67歳、常盛は42歳であるから、年齢的には時兼と義盛が同世代である。時兼は妹婿の常盛とともに戦場を逃れ、同じ所で自殺したことになる。

土屋義清は岡崎義実の実子で土屋宗遠の養子である。岡崎義実は相模東部の三浦一族、土屋宗遠は相模西部の中村一族であるが、岡崎義実《よしざね》の妻、義清の母は土屋宗遠《むねとお》の姉妹であり、義実と宗遠とは姻戚《いんせき》関係にあった。

和田塚（上、下）「中世鎌倉図」（p.90）に示されている「集団墓地」の北端、武蔵大路（今小路）の延長上にあたる部分に「和田一族戦没地」の碑が立てられている。このあたりの古墳から多くの人骨が発見され、和田合戦における戦死者のものと考えられたことから和田塚と呼ばれるようになった

岡崎義実は正治《しょうじ》2年（1200）6月21日に89歳で亡くなったが、亡くなる3カ月前の3月14日、鳩杖《はとづえ》を突いて政子亭を訪れ、窮状を訴えている。拝領した恩地はわずかであるが、それも子息義忠の菩提を弔うために、仏寺に施入《せにゅう》するつもりである。残る土地はほんのわずかで、子孫を安堵させることができないと。

義実の子息佐那田余一義忠《さなだよいちよしただ》は治承《じしょう》4年（1180）の石橋山の合戦で討死していた。頼朝はその菩提を弔うために、建久8年（1197）山内《やまのうち》（横浜市）に証菩提寺《しょうぼだいじ》を建立し、境内の殺生《せっしょう》を禁断していた。その義忠の子息実忠も和田義盛の軍勢に子息二人とともに加わっていた。敗戦により戦場から逃れたが、5月6日に誅殺された。

土屋宗遠は頼朝挙兵以来の宿老《しゅくろう》であるが、承元3年（1209）5月28日に兼ねて宿意《しゅくい》を抱いていた梶原家茂《いえもち》を和賀江のあたりで殺害した。その後、御所に出頭し、和田義盛に召し預けられた。6月13日に宗遠は義盛に付して嘆願書を提出した。自分は頼朝の時から勲功を積んでおり、一方家茂は謀反人景時の孫である。奉公と不忠とは比較にならない。出頭して武器を提出したのに、召し禁じられるのは不名誉であると。実朝はこれを直接読み、宗遠の言い分は道理が通らないが、頼朝の月忌《がっき》の日であるのでといって、宗遠を赦した。

義盛に味方するか義時につくか

鎌倉中の騒動を聞きつけて駆け付けた武士たちの去就ははじめから決まっていたわけではない。5月3日に鎌倉に入った曾我・中村・二宮・河村の輩は法華堂御所からの召喚に応じるのに躊躇し、実朝の御教書《みぎょうしょ》を求めた。混乱のなかで将軍実朝を確保しているのが義時の側なのか義盛の側なのかがわからなかったのであろう。義時・義盛のどちらに味方するかは決めておらず、実朝を確保した側に味方する算段だったのではないだろうか。

御家人にとって忠誠を尽くす相手は義時でも義盛でもなく将軍実朝なのだから、それは当然である。とすると、勝敗を決めるのは、いずれが実朝を確保するかであった。結果として、義時が実朝を確保し続け、それにより勝利を得たのであるが、義盛の軍事行動も実朝の確保を目指したものと解釈でき、義盛がそれに成功する可能性がなくはなかったし、成功していたら、義盛が勝利を得ていたはずであった。丸2日続いた激戦にどちらが勝利するかは最初から決まっていたわけではなく、実朝を確保し通すことのできた義時が、からくも勝利を得ることができたのである。

こういう混乱のなかで、実朝の花押のある文書は貴重であった。義時と広元は3日の巳《み》の刻（午前10時頃）に近国の御家人に対して、同日の酉《とり》の刻（午後6時頃）と9日に在京の御家人に対して連名の文書を出しているが、いずれにも実朝の花押が据えられている。受け取った御家人たちは、義時・広元の連名だけではそれに従っていいかどうかの判断がつかなかった。実朝の花押が据えられていることによって、実朝が義時・広元の側にいることを信用したのである。

東京大学史料編纂所が所蔵する国宝「島津家文書」のなかに、建暦3年5月9日付けの実朝袖判《そではん》の下文がある。二階堂元行《もとゆき》に勲功賞として相模国 懐 島殿原郷《ふところしまとのばらごうじ》地頭職《とうしき》を給与したものである。元行（基行とも書く）の父行村《ゆきむら》は侍所の所司として泉親衡の乱以来の事件の処理にあたっている。懐島は大庭景能《かげよし》の所領であったが、景能は承元4

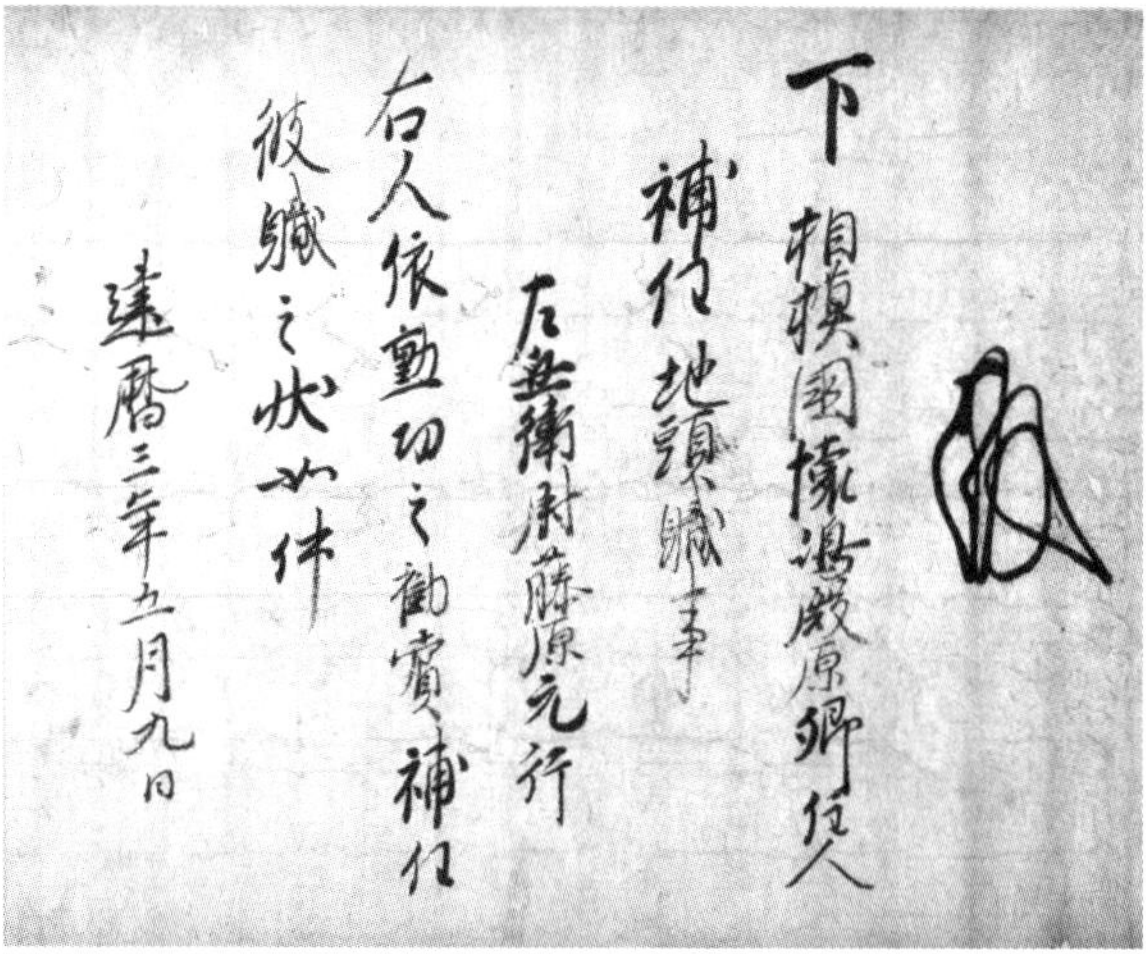
下　相模国懐島殿原郷住人
補任　地頭職事
左兵衛尉藤原元行
右人依勲功之勧賞補任
彼職之状如件
建暦三年五月九日

実朝袖判下文（二階堂家文書）　書状の右端（袖）に実朝の花押が堂々と書かれ、文書の冒頭に「下」と書き、その下に宛所を記すことで、命令書であることを視覚的に示している（所蔵：東京大学史料編纂所）

年（1210）に亡くなっており、その子息小次郎景兼《かげかね》は義盛軍に加わって討死しているので、それが没収されて二階堂氏に与えられたものであろう。

実朝は承元3年（1209）に従三位に叙せられ、政所開設資格を得た後は政所下文を用いている。袖判下文は発給者が政所開設資格を有さない場合に用いられるもので、発給者の格を示すものとしては袖判下文よりも政所下文のほうが上位である。

建暦3年の実朝の官位は正二位《しょうにい》右近《うこのえ》衛中将《のちゅうじょう》であるから、発給する側から言えば、政所下文を使うべきである。しかし政所下文では義時以下の別当の花押は載るが、実朝の花押は載らない。勲功の賞は、実朝からのものであることを明示してほしい。それが袖判下文が用いられた理由ではないだろうか。

泉親衡に擁立された頼家の次男千寿は、栄西を師として出家し、栄実《えいじつ》と称したが、建保2年（1214）11月13日、京都一条北辺の旅亭を襲われて自殺した。14歳であった。栄実を襲撃したのは在京の大江広元の家人、義盛の残党が栄実を大将軍として反逆を企てているとの情報によるものであった。

和田合戦――「関東に異変あり。天下はまた不安定になるのだろうか」

作者藤原定家は、合戦の様子を伝聞で記録した。義時死亡など当時の情報錯綜ぶりが伝わる。

九日。天晴れ。（中略）今朝、関東に異変があったと聞いた。伝えられているところでは、和田左衛門尉《さえもんのじようなにがし》 某（三浦党だという）と横山党（両人とも勢力抜群の者だという）が共謀して、去る二日の申《さる》の時（午後4時頃）に将軍（実朝）の御所を襲撃した。将軍は警備の備えがなく、酒を飲み酔っていたという。突然の合戦となり、その夜は明けた。翌日も日が暮れるまで戦い、星が見えても終わらなかった。将軍と外舅《がいきゆう》の相模守義時、大膳大夫《だいぜんだいぶ》広元等はひそかに山に入り、からくも逃れた。賊もまた威を恐れ、夜になって退却した。ただし防禦《ぼうぎよ》の構えはことごとく焼かれ、室屋もすべて破壊された。

首領の金吾（左衛門尉義盛）も戦場に死に、散り散りになった兵たちは船を設けて海上に逃げ去ったという。天下の異変でこれに過ぎるものがあろうか。

また巷説《こうせつ》によると、かの賊徒の党類に在京する者が多い。追捕《ついぶ》され滅亡するのは目前だというので京中がまた騒がしいという。楽しみが尽き悲しみが来た。これは天罰であろうか。ひそかに思うに、天下はまた不安定になるのであろうか。末の世の貧者は餓死してしまうであろうか。ああ悲しきかな。（中略）

戌《いぬ》の時（午後8時頃）に院の御所に参上した。中宮権亮《ちゆうぐうごんのすけ》（一条信能）が関東の事を大略語った。「二日申《さる》の時（午後4時頃）、和田左衛門義盛の宿所から軍兵の音が聞こえた。去春の謀反人たちがまた集まっているという風聞《ふうぶん》や落書があった。義盛がその張本であるというのであるが、義盛は自ら申し開き、事情を聞いた将軍はお赦しになり、和解した様子であった。

義盛はふだんどおり御所近くにいたが、御所では内々の評議により、鯨鯢《けいげい》（謀反人）として処分しようとしていると聞こえてきた。そこであらためて軍勢を集め対策を立てた。漢の韓信《かんしん》や彭越《ほうえつ》のように殺されて塩漬けにされることを恐れたのである。

その近辺の宿所の左衛門尉という者が義盛亭の物音を聞き、ただちに武装を整え、使者を広元朝臣に遣わした。広元はちょうど客を迎えて酒宴の最中であった。広元は使者からの連絡を聞き、ひとり座を立ち、将軍の在所に走り参じ、相共にその所を逃れて、七・八町離れた故将軍墓所堂に赴いた。あるいは二階堂であったともいう。

この間、義盛の甥三浦左衛門義村はもとより叔父とは不仲で仇敵《きゆうてき》であったが、義盛がすでに出軍したことを報告してきた。両人の報告により、将軍の母堂《ぼどう》と妻室《さいしつ》がからくも逃れた間に、義盛の兵は進んで、まず広元の宿所を囲んだ。

酒客はまだ帰らずにいたところ、大軍が到来して、酔客をみな殺害し、火を放って防禦《ぼうぎょ》の構えを焼き、室屋を一つも残さなかった。二日の夕より四日の朝まで攻戦はやまず、三周華不注（中国で晋《しん》の軍隊が斉《せい》の軍隊を華不注山麓を三度追い回した故事）のようであった。

義盛の士卒《しそつ》は一を以て千に当たり、天地が怒号で震えた。この間、千葉の党類、常胤の孫子が精兵を率いて隣国から来《きた》った。義盛は兵が尽き矢も窮まったけれども、疲れ切った兵を率いて、新手《あらて》の騎馬に立ち向かい、走る敵、逃げる敵を追って横大路に至った。鎌倉（の御所）の前にこの道があるという。この時、義村の兵がまた後をふさいで義盛に大打撃を加え、義盛はそれを逃れることができなかった。散り散りになった兵は浜に出て、船を掉さして安房の方に向かった。その勢五百騎ばかり、船六艘という」。

その後広元の消息が到来し、昨日申《さる》の刻（午後4時頃）ばかりに参着した。その後は消息がない。京畿《けいき》にも骨肉の輩がいるが、肉親の安否を知らないという。在京の武士が下向《げこう》する許しを請うてきたけれども、天皇の意向として留められた。京中《きょうじゅう》警固のためであるという。

法勝寺塔供養のために在京していた遠江守《とおとうみのかみ》親広（広元男）は、去る二日に下向したが、途中で事件について聞き、さらに鞭《むち》をあげたという。ある人がいうには、近江守頼茂（頼政孫、大内守護）は先日下向しており、すでに落命《らくめい》しているとのこと。また高能卿の子侍従《じじゅう》能氏《よしうじ》（高能は一条能保の男なので能氏は能保の孫）は正月に下向して軍陣に死んだという。相模国司両息《りようそく》（相模国司は義時、その両息は泰時・朝時）、親能法師の子、広元朝臣の子がみな死んだという。実否は不明である。

第2章のまとめ

義時と重臣の危機

頼朝の挙兵から30年。頼朝を戴いて戦ってきた古参のつわものたちに、自分たちが報われていないというという不満が渦巻いていた。その不満の矛先が鎌倉殿の家政を預かる義時に向かった。

↓

逆転の一手

御所を和田義盛軍に囲まれると、義時は実朝とともに頼朝の墓所法華堂に避難した。鎌倉の騒擾を聞いて駆け付けた武士たちは、実朝の花押を載せた文書を見て、ことごとく実朝を戴く義時の側についた。

POINT

御家人が結集する中核となる鎌倉殿を確保した側が勝ちを制する。2日間続いた激戦の間、義時は常に実朝の傍らにあり、広元と連名で作成した文書には実朝の花押を載せ、実朝を戴いているのが自分たちの側であることを誇示した。

第3章

実朝暗殺
——将軍継承の危機

1 将軍実朝の栄光

和田合戦前の政所別当は義時、大江親広《おおえのちかひろ》、北条時房《ときふさ》、中原師俊、中原仲業の5人であったが、和田合戦と前後して最下位の中原仲業がはずれてその代わりに二階堂行光が加わった。しかし仲業はその後も幕府の政務に携わっているし、行光も以前から政所執事を務めているので、この入れ替わりが何を意味するのかわからない。

建保《けんぽう》3年（1215）10月以降翌年4月までの間に、大江広元・源仲章《なかあきら》が義時の上位に、源頼茂《よりもち》・大内惟信《これのぶ》が義時の下位、大江親広の上位に加わり、別当が9人に増員された。

広元は正治《しょうじ》2年（1200）に大膳大夫《だいぜんのだいぶ》に任ぜられ、建仁3年（1203）に同官を辞した後は前大膳大夫を称していたが、建保4年正月に陸奥守《むつのかみ》に任ぜられた。この年4月、広元は大江氏に改姓することを朝廷に申請し閏《うるう》6月に許されている。実は広

政所別当の変遷

承元3年(1209) ～承元4年～	北条義時　中原師俊　大江親広 北条時房　中原仲業
～建暦2年(1212)～	北条義時　大江親広　北条時房 中原師俊　中原仲業
～建保2年(1214) ～建保3年～	北条義時　大江親広　北条時房 中原師俊　二階堂行光
～建保4年(1216) ～建保7年	大江広元　源仲章　北条義時　源頼茂 大内惟信　大江親広　北条時房 中原師俊　二階堂行光

元はこれまで中原姓であり、大江姓を称するのは69歳のこの時から78歳で亡くなるまでの10年間である。広元の子親広も、これ以前は源通親の猶子として源姓を称していたが、広元の改姓に合わせて親広も大江姓を称するようになる。この年5月13日の政所下文に広元は「陸奥守中原朝臣」、親広は「民部《みんぶ》権《ごんの》少輔《しょう》源《みなもとの》朝《あ》臣《そん》」の位《い》署《しょ》を載せているが、7月16日の政所下文には広元は「陸奥守大江朝臣」、親広は「民部権少輔大江朝臣」の位署を載せている。

建保5年11月、広元は一時重病に陥り出家した。広元出家後の政所下文は残されていないが、広元の署判は載せられなかったはずである。ただし広元は病の危機を脱し、その後も政務には関与している。

広元の出家により闕《けつ》となった陸奥守には義時が任ぜられた。これより先、建保5年正月に義時は右京権大夫《うきょうごんのだいぶ》に任ぜられ、政所下文には「右京権大夫兼相模守平朝臣」の位置を載せていた。陸奥守に任ぜられるまで相模守を兼任していたものと思われる。義時が陸奥守に転じた後任の相模守には時房が武蔵守から転じ、時房の後任の武蔵守《むさしのかみ》には親広が任ぜられた。

在京する政所別当

中原仲章は建仁《けんにん》3年（1203）までは在京して幕府の出先の役割を務めていたが、翌年正月の実朝の読書始めで侍読《じどく》を務めているから、実朝の将軍就任に伴い、実朝の侍読を務めるために鎌倉に下向したのであろう。建暦《けんりゃく》2年（1212）から翌年にかけては幕府が請け負った閑院内裏《かんいんだいり》造営のために在京したが、建暦2年9月26日に仲章の突然の来訪を受けた藤原定家は「この儒者は特に文章を書いていないので才名の誉《ほま》れはないが、好んで書籍を集め百家九流《ひゃっかきゅうりゅう》（あらゆる学問の意）に通じている。あなどれない」と日記に記している。仲章は建保《けんぽう》4年（1216）、大学頭《だいがくのかみ》に任ぜられた。

源頼茂は頼政の孫、頼兼《よりかね》の子である。大内裏を警固する大内守護《おおうちしゅご》の役は幕府成立以前は頼政が務めていたものであり、その由緒により平家没落後に頼兼がこれを務め、頼茂に引き継がれた。

大内惟信は信濃源氏平賀《ひらが》義信《よしのぶ》の孫、大内惟義《これよし》の子である。平賀朝雅《ともまさ》は叔父に当たる。惟信も在京のことが多い。

頼茂・惟信は政所別当に補されたといっても、必ずしも鎌倉に常駐したわけではない。政所下文にも位署だけ載せられて花押が据えられていない場合が多く、頼茂に至っては、現存する政所下文のなかに頼茂の花押が載せられたものは見当たらない。仲章の花押を載せた政所下文も少なく、仲章もまた不在にすることが多かったのかもしれない。

▲異例の昇進を遂げる実朝の官位

政所別当が9人に増員された建保4年頃から実朝の官位昇進が顕著になる。慈円《じえん》の『愚管抄《ぐかんしょう》』はこれを仲章が京・鎌倉を往復して奔走したことによると記している。

実朝は建仁3年（1203）、12歳で従五位下に叙せられ、征夷大将軍に補せられた後、右兵衛佐に任ぜられた。翌年、13歳で、従五位上・右少将、元久《げんきゅう》2年（1205）、14歳で、正五位下・左中将、以後毎年位階を上げて、承元《じょうげん》3年（1209）、18歳で、従三位・右中将、建暦3年（1213）には閑院内裏造営の賞により、22歳で正二位に到った。そして建保4年（1216）6月20日、25歳の実朝は参議を経ず権中納言に任ぜられ、右中将を兼ね、7月20日、左中将に転じた。中納言と中将を兼任するのは摂関家の特権であり、摂関家以外では異例とされた。

『吾妻鏡』は義時との会話のなかでの広元の言として、この異例が災いを招くと批判させている。
建保6年、27歳の実朝は、1年の間に権大納言から内大臣・右大臣へと昇進した。正月13日の除目《じもく》で権大納言に任ぜられた実朝は、さらに大将を兼ねることを望み、2月10日広元の使者が京都に上った。12日にはそれを追いかけて波多野朝定が使節として上洛し、大将に左右あるうち必ず左大将に任ぜられるべきことを伝えた。

26日、実朝を左大将に任ずるため、右大臣左大将九条道家《くじょうみちいえ》が左大将を辞し、兵仗《へいじょう》ならびに帯剣のことを仰せられた。近衛大将を辞すけれども、近衛大将に認められている兵仗ならびに帯剣の特権を継続することを認められたのである。

3月6日、実朝が左大将に任ぜられ、さらに左馬寮御監《さまりょうごかん》たるべきことが宣下《せんげ》された。16日、除書《じょしょ》を持参した朝定が鎌倉に還り、18日には権少外記中原重継《ごんのしょうげきなかはらのしげつぐ》が勅使《ちょくし》として左馬寮御監宣旨を持参して鎌倉に到着した。重継は23日に実朝に拝謁し、24日に帰洛した。
左大将拝賀の礼は6月27日に鶴岡八幡宮において行われた。後鳥羽上皇は院使《いんし》藤原

鶴岡八幡宮　源頼朝が鎌倉を拠点とした際に、先祖ゆかりの八幡宮を現在の地に移し、社殿を整備。都市鎌倉の中心に据えた（提供：鶴岡八幡宮）

忠綱《ただつな》と庁官《ちょうかん》康直を遣わし、拝賀に用いる檳榔毛《びろうげ》の牛車・御牛等を実朝に賜った。
また殿上人《てんじょうびと》として供奉《ぐぶ》するために、一条《いちじょう》実雅《さねまさ》、同信能《のぶよし》、同頼氏《よりうじ》、平為盛《ためもり》等が下向してきた。実雅・信能は頼朝の妹婿一条能保《よしやす》の子息、頼氏は嫡孫《ちゃくそん》、為盛は頼朝助命の恩人池禅尼《いけのぜんに》の孫で平頼盛の子息、いずれも親幕派の廷臣《ていしん》である。

またふだんは在京する御家人大江時広《ときひろ》（広元の子）、源頼茂《よりもち》も下向した。時広・頼茂そして源仲章も廷臣たちと同じく殿上人として供奉している。義時は大内惟義と並んで前駆《ぜんく》の最後尾を務めた。

拝賀の礼が終わって、7月1日に忠綱が、5日に為盛・能氏らが帰洛した。8

日、実朝は任大将以後直衣《のうし》始を鶴岡八幡宮において行った。

10月9日、実朝は内大臣に任ぜられた。内大臣三条実房《さんじょうさねふさ》は太政大臣に任ぜられ、左大臣の上に列すべきことが宣下された。

さらに12月2日、実朝は右大臣に任ぜられた。これより前、11月1日左大臣九条良《よし》輔《すけ》が薨去《こうきょ》し、その闕《けつ》に右大臣九条道家が任ぜられたことによる。20日、実朝は右大臣転任後政所《まんどころ》始《はじめ》を行った。21日には、拝賀に用いるために後鳥羽上皇から下された御車以下の調度が到着した。また拝賀に供奉するために坊門忠信《ぼうもんただのぶ》以下が下向することが伝えられた。忠信は実朝の御台所《みだいどころ》の兄弟である。26日には拝賀に供奉する随兵《ずいひょう》の沙汰が二階堂行村を奉行として行われた。

2

源氏将軍の断絶と継承

実朝の右大臣拝賀《はいが》の儀は建保7年（1219）正月27日に行われた。公卿としては坊門忠信、西園寺《さいおんじ》実氏《さねうじ》、藤原国通、平光盛《みつもり》、難波《なんば》宗長《むねなが》の5人が供奉していた。国通の妻は時政と牧の方の間に生まれた女性である。最初平賀朝雅の妻であったが、朝雅が討たれた後、国通の妻となっていた。酉《とり》の刻（午後6時頃）、実朝は拝賀を行う鶴岡八幡宮に向けて出発した。

奉幣《ほうへい》を終えた実朝が宝前《ほうぜん》の石橋を下り、公卿の列立する前をお辞儀して通ったところ、法師の装束で兜巾《ときん》をかぶった者が走り寄り、実朝の下襲《したがさね》の尻を踏みつけて、「親のかたきはかく討つぞ」と呼ばわり、一の刀で斬りつけ、倒れたところで首を討ち取った。同じ装束の者が3、4人現れ、供の者を追い散らし、前駆《ぜんく》として松明《たいまつ》を掲げていた仲章《なかあきら》も討たれた。

美談武者八景《びだんむしやはつけい》　鶴岡の暮雪《ぼせつ》　江戸から明治にかけて活躍した浮世絵師月岡芳年《つきおかよしとし》が描いた、実朝暗殺の場面。事件から600年余りを経てなお、人々がこの事件に関心を持っていたことが分かる（所蔵：鶴岡八幡宮）

実朝を討ったのは、頼家の遺子公暁《くぎよう》であった。公暁は三浦義村のもとに「我かくしつ。今は我こそ大将軍よ。それへゆかん」と知らせ、実朝の首を持って、岡山を越えて義村亭に向かったが、義村亭の鰭板《はたいた》を越えようとしたところで、義村が遣わした討手《うつて》に討たれた。

△将軍実朝の後継者問題

2月13日、二階堂行光《ゆきみつ》が鎌倉を立って上洛《じようらく》し、後鳥羽上皇の皇子のなかでしかるべき方を鎌倉に下していただき、将軍に推戴《すいたい》したいと奏上《そうじよう》した。「皇子のなかでしかるべき方」というのは『愚管抄』の表現であるが、『吾妻鏡』は雅成《まさなり》・頼仁《よりひと》両親王のうちのいずれかを希望したと記している。

前年の政子の上洛中、政子と卿二位《きょうのにい》高倉兼子《けんし》との間で、実朝に子が無いことが話題になった際に、兼子が語った内容を政子が覚えていたのである。兼子は信清の娘で後鳥羽に仕えて西の方《かた》と呼ばれた女性を猶子《ゆうし》としていた。そして西の方の産んだ頼仁《よりひと》親王を兼子は養っていた。その頼仁を実朝の後継者にしてはいかがというようなことを兼子は政子に語ったのだと思われる。

西の方は実朝の御台所の姉妹であるから、頼仁は御台所の甥《おい》に当たっていた。『吾妻鏡』によれば、閏2月4日に「両親王のうちの一人を必ず下向させるが、今すぐにではない」との後鳥羽の仰せが伝えられ、行光は鎌倉に使者を送ってそのことを知らせた。使者は12日に鎌倉に着いたが、「親王の下向は近々にお願いしたい」という鎌倉の意向を奏上する使命を帯びて、14日に帰洛した。

「今すぐにではない」という後鳥羽の言葉は、実は親王の下向に消極的な後鳥羽の意向を示している。『愚管抄』によれば、後鳥羽は「イカニ将来ニコノ日本国二《ふたつ》ニ分ルコトヲバシヲカンゾ。コハイカニ」と述べ親王の下向を許さなかったという。

皇子ではなく人臣であるならば摂政関白の子であっても幕府の申す通りにしてよい

頼仁親王関係系図

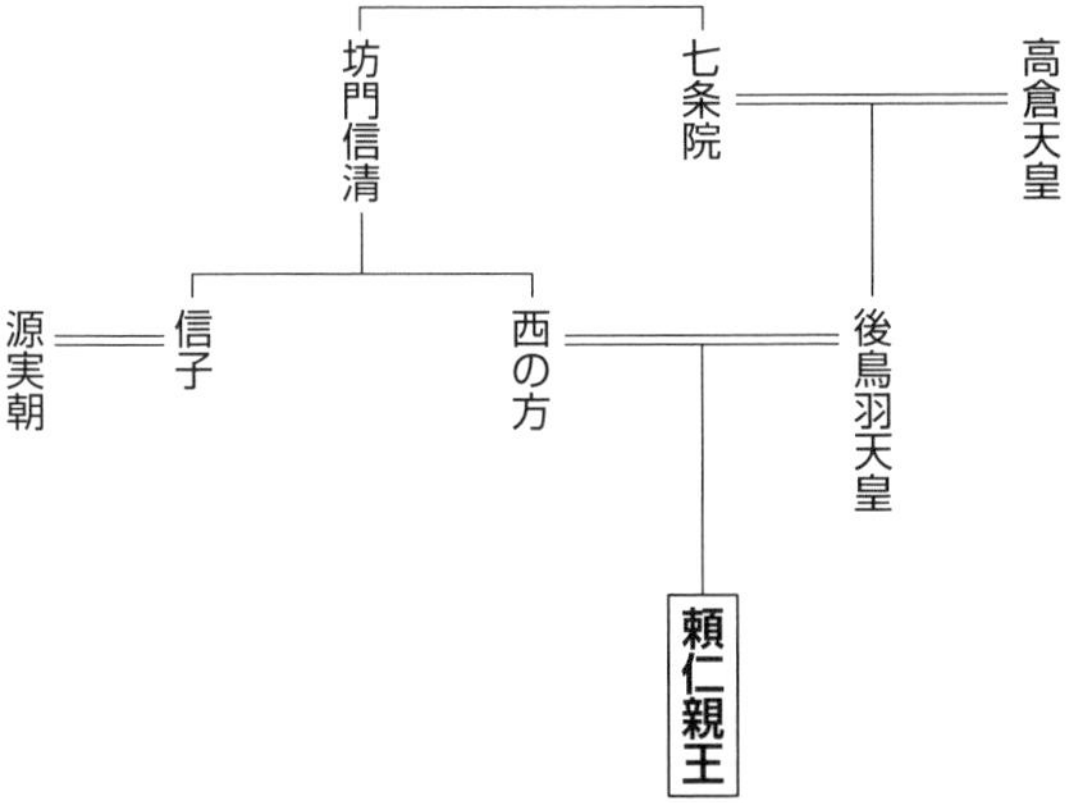

九条頼経関係系図

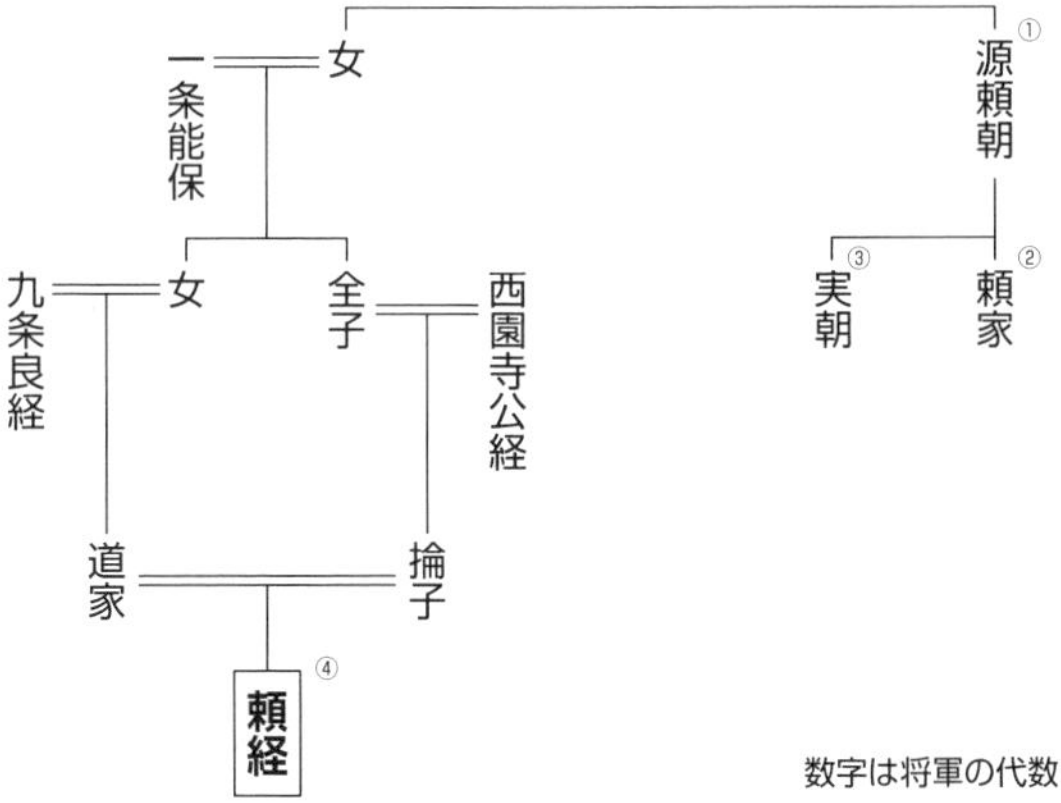

数字は将軍の代数

というのが後鳥羽の意向であったので、幕府からは、九条道家の子が頼朝の妹の孫の所生《しょせい》でゆかりがあるとして、皇子に代えて道家の子を希望してきた。

道家の妻は西園寺公経《きんつね》の女であるが、道家の母と道家の妻の母は姉妹で、ともに一条能保と頼朝の妹との間の女子であったのである。頼朝の妹の曾孫に当たる男子は3人いたが、前年建保6年寅年の正月寅月の寅刻に生まれたので三寅《みとら》と呼ばれた2歳の子が鎌倉に下向することになった。

3月8日に後鳥羽上皇の使節として藤原忠綱《ただつな》が鎌倉に着き、翌日、政子を訪問して実朝薨去《こうきょ》の弔意を伝えるとともに、義時に面会し、摂津国長江《ながえ》倉橋両庄《くらはしりょうしょうじ》地頭職《とうしき》を改補すべき事以下の後鳥羽上皇の仰せを伝えた。地頭職停廃の要求自体は幕府もこれまでしばしば応じてきたけれども、この時期にこの問題を持ち出されるのは、幕府を愚弄しているかのように受け取られたかもしれない。

11日に忠綱は帰洛したが、12日、政子亭に義時・時房・泰時・広元が参会して上皇に対する返事を評議し、15日、時房が政子の使として1000騎を率いて上洛した。忠綱の伝えた上皇の仰せは幕府に対して高圧的なものであったが、それに対して幕府はそれを断固拒絶する姿勢を1000騎の軍勢によって示したのである。

▲義時、幕府の政務を奉行する

6月3日、三寅《みとら》の下向が宣下《せんげ》された。三寅は9日に春日社を参詣、14日に道家亭において魚味《まな》の儀を行い、17日に院御所に参上して御馬御剣を賜り、25日に道家の一条亭から六波羅に渡って進発、7月19日の午《うま》の刻（つまり正午頃）に鎌倉に入り、義時の大倉亭に着いた。酉《とり》の刻（午後6時頃）、政所始が行われ、三寅が成人するまでの間、政子が簾中《れんちゅう》において理非《りひ》を聴断《ちょうだん》することになった。

政子が簾中で政務を執っても、政子自身の署判により幕府の文書が発給されることはなかった。将軍実朝の死去により政所下文の発給は停止されたが、これに代わって発給されたのは、義時が奥下に署判を加える下知状《げちじょう》であった。かつて父時政が署判《しょはん》を加えて発給された下知状と同じ様式である。

ただし時政の奉じた下知状の書止文言《かきとめもんごん》が「鎌倉殿の仰せに依り、下知くだんの如し」であったのに対して、義時の奉じた下知状では書止文言から「鎌倉殿」の語を削り「仰せに依り、下知くだんの如し」としていた。将来の鎌倉殿として三寅を招いたものの、まだ幼く政務を執れない状況であることから、「仰せ」の主体をぼかしたものであろう。

時政が下知状を奉じたのが元久《げんきゅう》2年（1205）まで、義時が下知状を奉じたのが承久《じょうきゅう》元年（1219）からであるから、その間14年を経過している。時政が下知状を奉じる体制がそのまま義時に引き継がれたわけではない。義時が下知状を奉じる体制は、実朝の死による鎌倉殿の空白という事態に対処するために考えられたものであり、その際に時政時代の先例が参考にされたのかもしれない。時政が下知状を奉じる体制は時政の失脚とともにいったん終了したのであるが、義時が下知状を奉じる体制は義時の子孫に継承されることにより、下知状に署判を加える者が執権と呼ばれ、執権の職は義時の子孫によって世襲されることになっていくのである。

下知状は下文《くだしぶみ》と同等の効力を有する文書であり、所領の給与・安堵や訴訟の裁許など永続的効力を期待される事柄に用いられたが、下知状と同じく「鎌倉殿の仰せに依

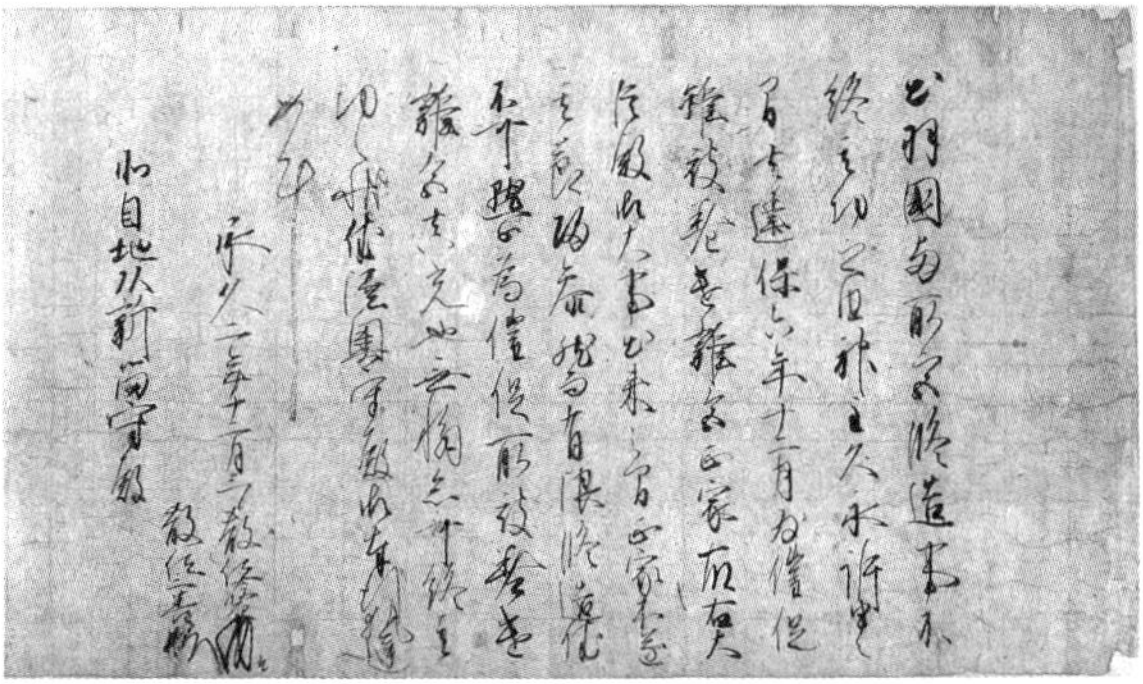

鎌倉幕府奉行人連署奉書 承久２年12月３日　義時の奉行を受けて、奉行人２人が署判を加えている。本文末尾に「依陸奥守殿御奉行執達如件」と記されているのが読み取れる（所蔵：鳥海山大物忌神社、提供：山形県）

り」という奉書文言を持ちながら「下知くだんの如し」ではなく「執達《しったつ》くだんの如し」と書き止め、随時の連絡、通達に用いられる文書があった。こちらは署判を加えた奉者の名を冠してたとえば「書博士《しょはかせ》奉書」（書博士は中原師俊《もろとし》を指す）とか「関東御教書《みぎょうしょ》」と呼ばれた。主人の意の奉じた侍臣《じしん》の署判により発給される書状を奉書と呼び、主人の地位が三位以上（公卿相当）の場合に御教書の名を用いる慣習が宮廷社会に成立していたが、「関東御教書」の名称は本来は関東将軍から来た御教書の意味で用いられたものであろう。

　実朝生前の関東御教書の奉者となったの

は、建暦《けんりやく》3年(1213)ぐらいまでは中原師俊や同仲業《なかなり》、その後は二階堂行光や清原清定である。師俊・仲業・行光は政所の別当、清定は令《れい》として政所下文にも署判を加えている。

実朝の死後、関東御教書の奉書文言として「鎌倉殿の仰せに依り」の代わりに「陸奥守殿御奉行に依り」が用いられるようになった。陸奥守殿は義時のことである。下知状の場合には「鎌倉殿」の語を削り「仰せ」の主体をぼかしたのであったが、関東御教書の場合には実朝の仰せの代わりに義時の奉行を伝えることを明示したのである。奉行は仰せとは異なり、仰せを承り執行する行為である。また義時の奉行を伝える関東御教書に署判を加えているのは二階堂行光や清原清定であり、彼らは義時の侍臣ではない。「陸奥守殿御奉行に依り」という文言は、将軍の職務代行者としての義時の地位を文書の上に明示したものと言っていいだろう。

実朝暗殺——「愚かにも用心がなく、源氏の跡を残さずに失せてしまった」

鎌倉初期に僧侶慈円によってまとめられた『愚管抄』。作者はこの事件をどう捉えたか。

内大臣実朝は希望通りに右大臣になされた。京にはのぼらず、左大将の時と同様、関東鎌倉で拝賀を行うことになり、建保七年正月二十八日甲午（正しくは27日）を期日として、京より公卿五人が檳榔《びろう》の車をもって下向した。五人というのは、

大納言忠信　内大臣信清の息
中納言実氏　東宮大夫公経の息
宰相中将国通　故泰通大納言の息、朝政（平賀朝雅）旧妻の夫である
正三位光盛　頼盛大納言の息
刑部卿《ぎょうぶきょう》三位宗長　本来、蹴鞠《けまり》のために下向していた

これらの人々を盛大にもてなして拝賀を行った。

夜に入り、奉幣《ほうへい》を終わり、宝前の石橋を下って、つき従っている公卿の列立する前を会釈して、下襲《したがさね》の尻を引き、笏《しゃく》を持って進んだところ、法師の行装で兜巾《ときん》というものをつけた者が走りかかり、下襲の尻の上に乗って、頭を一の刀で斬り、倒れたところを頸《くび》を打ち落として取った。

つづいて三、四人、同じような行装の者が出てきて、供の者を追い散らし、仲章が先導して火を振っていたのを義時かと思って、同じように斬り伏せて殺し、立ち去った。

義時は太刀を持ってかたわらにいたが、中門にとどまるように言われていた。用心していなかったことは何とも言えない。みな蜘蛛《くも》の子を散らすように、公卿も他の者も逃げた。光盛は賢明にもこちらに来ず、鳥居のあたりに待機していたので、自分の毛車《けぐるま》に乗って帰った。みな散りぢりになったが、鳥居の外にいた数万の武士はこれを知らなかった。

この法師は、頼家の子をこの八幡の別当になしておいたものであるが、ひごろの思いを今日このように遂げたのであった。

一の刀の時に、「親の敵はかく討つぞ」と言ったのを、公卿たちはみなはっきり聞いた。このようにしてかして、一の郎等と思っていた義村三浦左衛門という者のもとへ、「われはこれをやった。今はわれこそ大将軍よ。そちらへ参らん」と伝えた。義村はそのことを義時に報じ、公暁が一人、実朝の頸《くび》を持ち、大雪のため雪が積もっているなかを、岡山を越えて義村のもとに向かってくるのを、人を遣わして討ち取った。公暁もむげには討ち取られず、斬り散らし斬り散らし、義村の家の塀までたどり着き、塀を越えて入ろうとしたところを討たれた。

頼朝は立派な将軍であったが、その孫がこのようなことをしてしまった。武士の心《しん》性《せい》はこのような者を出してしまう。また文を重んじた実朝は愚かにも用心がなく、大臣・大将の名をけがし、源氏の跡をのこさずに失《う》せてしまった。

第3章のまとめ

鎌倉殿の危機

実朝が甥の公暁に暗殺されてしまった。実朝の御台所は後鳥羽上皇の従妹であったが、夫婦の間には子がなく、後鳥羽上皇の皇子を迎えることについても、実朝遭難後、上皇ははぐらかした。そして鎌倉殿がいなくなった……。

逆転の一手

後鳥羽上皇の皇子を迎えることに固執せず、左大臣九条道家の男三寅を実朝の後嗣として鎌倉に迎えた。数え2歳の三寅が成人するまでの間、政子が政務を見ることになったが、幕府の文書は義時の署判により発給された。

POINT

鎌倉殿を喪った御家人が結集する中核になったのは頼朝御台所の政子であった。三寅を将来の鎌倉殿として迎えたこと、義時が政務を奉行することは政子の仰せにもとづくものとして、御家人たちに受け入れられた。

第4章

承久の乱

——朝幕関係の危機

1 後鳥羽上皇の政治構想

建保《けんぽう》6年（1218）10月10日、順徳《じゅんとく》天皇の中宮《ちゅうぐう》九条立子《りつし》が一条亭において皇子を産んだ。一条亭は立子の弟九条道家の邸宅である。11月21日に中宮は皇子を伴って入内《じゅだい》した。皇子は名字を懐成《かねなり》と定められ、親王となり、西園寺公経が勅別当《ちょくべっとう》とされた。25日に懐成親王は後鳥羽上皇の御所大炊御門殿《おおいのみかどどの》に渡り、翌26日、同所において皇太子に立てられた。九条道家が東宮傅《とうぐうふ》に、西園寺公経が春宮大夫《とうぐうだいぶ》に任ぜられた。懐成は誕生後1月半で皇太子に立てられたことになる。

摂関の女子が天皇の皇子を産んだのは、藤原道長の女嬉子《きし》が後朱雀《ごすざく》天皇の子として後冷泉《ごれいぜい》天皇を産んで以来であると『愚管抄』には記されている。九条兼実《かねざね》の女任子《にんし》が後鳥羽天皇の中宮に立てられたけれども、出産したのは皇女一人であった。嬉子が皇

順徳天皇肖像　平安時代末から鎌倉時代までの天皇、摂政関白、大臣の似絵を収めた「天子摂関御影」に描かれた順徳天皇（所蔵：宮内庁三の丸尚蔵館）

子を産んだ万寿《まんじゅ》2年（1025）に後朱雀はまだ皇太子で即位前であったし、嬉子は出産の2日後に急逝したので、生前に立后《りっこう》することはなかったのであるが、とにかくその嬉子以来193年ぶりに摂関の女子が皇子を産んだのである。『愚管抄』にわざわざそのことを書き留めた慈円は兼実の弟、立子・道家の大叔父に当たる。立子の出産は九条家にとって一大慶事だったのである。

　立子・道家の父良経は元久《げんきゅう》3年（1206）に摂政在職中に38歳で急逝しており、それ以来、摂政関白の職は道家の又従兄弟に当たる近衛《このえ》家実《いえざね》が占めていた。立子は承元《じょうげん》3年（1209）、18歳で、13歳の東宮《とうぐう》（順徳）の妃《きさき》となり、東宮の即位に伴い中宮に立てられた。立子が懐成《かねなり》を産んだ時点では立子・道家姉弟の叔父良輔が左大臣、道家が右大臣であった。

良輔は懐成誕生1カ月後の11月11日に疱瘡《ほうそう》のために亡くなったが、『愚管抄』は良輔を「日本国古今タグヒナキ学生ニテ、左大臣一ノ上ニテ朝ノ重宝カナト思タリキ」と称賛し、亡くなる前日に「一定我ハ死ナンズ、アヤシナガラ此ホドノ身ニナリ居タレバ、憂喜門ニ集ルト云フコト、我身ニアタレリ」という言葉を残したと記録している。「憂喜門ニ集ル」とは、九条家の一員として、姪《めい》に当たる立子が出産したことと、兄亡き後九条家を支えてきた自分が死ななければならないことを指したものであろう。

懐成の誕生は単に九条家にとっての慶事であったのみならず、朝廷それ自体にとっても理想の皇位の回復であった。天皇を摂関が支え、天皇・摂関それぞれの地位が安定して世襲されることを理想とするならば、摂関の女子が中宮として皇子を産み、その皇子が皇位につき、新帝の母の兄弟を摂関にすることで、理想は継続される。しかし、人の出生は人が左右できるものではないから、理想の実現は幸運にたよらざるを得ない。懐成の誕生は、そういう幸運なのであった。

しかし後鳥羽自身の即位は、そういう皇位継承の理想を実現したものではなかった。後鳥羽は安徳の弟である。安徳の母は中宮であったが、後鳥羽の母はその中宮に仕えていた女性であった。安徳が外戚《がいせき》とともに西海に没したことによって、後鳥羽は偶然に皇位についた。しかし安徳は後鳥羽に譲位したわけではなく、三種の神器《じんぎ》を帯同して入水していたので、後鳥羽は神器を継承することができなかった。

後鳥羽を戴く京都の朝廷は、安徳の外戚《がいせき》平氏を謀反人として追討対象としながらも、安徳と神器の京都帰還を優先せざるを得なかった。壇ノ浦で平家が滅亡した時、安徳も入水した。神器のうち鏡《かがみ》と璽《じ》は回収されたが、剣は永遠に喪《うしな》われた。後鳥羽・土御門の二代は昼御座《ひのおまし》の剣を神器の剣の代用としたが、承元4年（1210）に順徳が皇位に上るに際して、かつて伊勢神宮から後白河法皇に献じられ蓮華王院《れんげおういん》に納められていた剣を用い、以後はこの剣が神器として用いられるようになった。しかし後鳥羽は壇ノ浦に沈んだ剣の回収をあきらめておらず、建暦《けんりゃく》2年（1212）には近臣藤原秀《ひで》能《よし》を捜索のために派遣している。

懐成の誕生は、理想の皇位の実現を期待させた。後鳥羽は懐成をただちに皇太子に立てるとともに、朝廷の人事にも心を砕いた。左大臣良輔を喪ったのは打撃であったが、左大臣の闕《けつ》には右大臣道家を埋め、右大臣の闕には内大臣実朝を埋めた。その実朝が右大臣就任2カ月足らずで、しかも拝賀の日に惨殺されたことは、後鳥羽に大きな衝撃を与えた。

悲報が京都に伝えられた後、3月26日に伊勢神宮に公卿勅使が派遣されたが、『愚管抄』には「宸筆宣命《しんぴつせんみょう》ニハ文武ノ長ノ失セヌルヨシニハ、去年冬左大臣良輔朝臣、今年春実朝カクノ如ク失セヌル。驚キ思シメスヨシコソ載《のせ》ラレタリケレ」と記されている。慈円が記しているのは慈円自身の思いではなかったかとも思わないではないけれども、ある程度は後鳥羽や順徳を含む宮廷社会の受け留め方を示しているのであろう。

後鳥羽上皇肖像（模写） 上は、承久の乱で敗れた後鳥羽上皇が出家する前に藤原信実に描かせたもの。下の法体《ほったい》姿は、隠岐に流された後に、自ら鏡を見ながら描いたといわれる。いずれも原品は水無瀬神宮に伝わった（所蔵：東京大学史料編纂所）

▲実朝暗殺により幕府への態度が硬化

実朝を喪《うしな》った幕府に対して、後鳥羽の態度は厳しくなる。実朝の後継将軍として後鳥羽上皇の皇子の一人を下していただきたいという幕府の要望に対して、後鳥羽は「今すぐにではない」と消極的な意向を示した。

『愚管抄』は、皇子下向《げこう》の案はもともと、実朝の生前に卿二位兼子が政子に示したものであること、実朝の死後幕府から改めて皇子の下向を請われたのに対して、後鳥羽が否定的な態度を示したことを記している。しかし皇子下向案に反対だったのはむしろ慈円自身だったのではないか。そして慈円が反対だったのも皇子下向案そのものというよりも、それが兼子の提案だったことによるのではないか。『愚管抄』はまさにこの時期に書かれたものであるが、後鳥羽の乳母《めのと》として大きな影響力を持った兼子に慈円は批判的であり、後鳥羽が兼子の言に左右されないことを切望し、また左右されているはずがないと考えながら『愚管抄』を執筆したのではないか。

慈円の批判が兼子以上に表明されているのが、後鳥羽の使節としてしばしば鎌倉に赴いた内蔵頭《くらのかみ》藤原忠綱である。忠綱は院御所の北面に伺候する近臣であった。

『愚管抄』によれば、この時期、忠綱の画策によって後鳥羽の政治が曲げられることがしばしばあった。まだ実朝の生前であるが、建保《けんぽう》5年（1217）の11月に西園寺公経《きんつね》が後鳥羽の勘当《かんどう》を受けたことがあった。

事の起こりは、公経が右大将任官の望みを邪魔されたことに嘆息したことだったという。公経は当時権大納言であったが、公経よりも下臈《げろう》の権大納言である大炊御門《おおいのみかど》師経《つね》が大将を競望してきたのである。師経の兄頼実は兼子の夫であり、師経は兄頼実の猶子になっていた。忠綱は後鳥羽の仰せとして公経に「太政入道《だいじょうにゅうどう》（頼実）カク申セバ、大将ニナシタバム事、コノタビハ不定ナリ」と伝えた。これを聞いた公経は、「それならば自分は出家して引退しよう。妻子は実朝にゆかりの者であるから、関東に下って命ばかりはつなげてもらおう」と愚痴を述べた。忠綱はこの言葉をそのまま後鳥羽に伝え、さらに「公経は実朝に訴えようとしている」とまで言ったので、後鳥羽の逆鱗《げきりん》に触れるところとなり、11月8日に公経は勘当を受けたのである。

公経が院勘《いんかん》を蒙《こうむ》ったことを聞いた実朝は、公経を助け、公経が坊門信清とともに務めてきた関東申次《かんとうもうしつぎ》の役の相違無きことを確認し、このことで兼子を敵とするのは残念であると京都に申し送った。兼子が驚き騒いだので、院勘から3カ月後の2月18日に公経は赦された。ちょうど政子が鎌倉から京都に向かっている途上であった。21日に政子が入洛する前に事の解決が図られたのであろうか。

この年、懐成が誕生し親王に立てられると公経はその勅別当に補せられ、懐成が皇太子に立てられると公経は春宮大夫《とうぐうだいぶ》に任ぜられているから、公経に対する院勘は完全に解けたことになる。承久《じゅうきゅう》元年（1219）11月13日、公経は念願の右大将に任ぜられた。

『愚管抄』には、公経が院勘を受けた理由は大将をめぐる争いだけではなかったと記されている。今皇位にあるのは順徳天皇であるが、順徳以外にも皇位を望んでいる皇子たちがいた。「よくは知らないが」と慈円は断りつつ、後鳥羽上皇自身は順徳を後継者と考えているようであると記している。

後鳥羽天皇関係系図

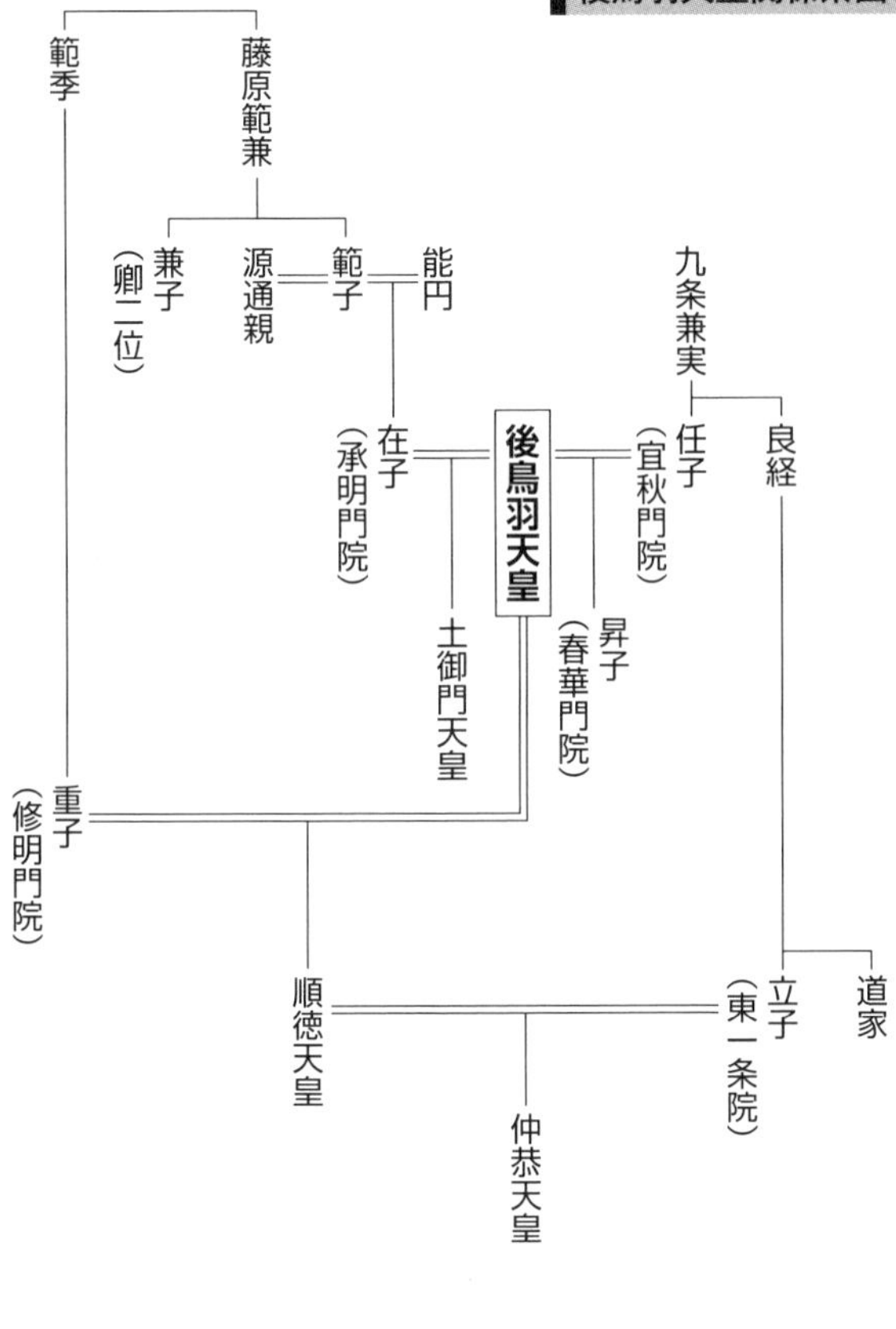
範季
藤原範兼
兼子（卿二位）
源通親
範子
能円
九条兼実
在子（承明門院）
後鳥羽天皇
任子（宜秋門院）
良経
土御門天皇
昇子（春華門院）
重子（修明門院）
順徳天皇
立子（東一条院）
道家
仲恭天皇

順徳天皇の弟のうち、雅成《まさなり》親王の母は順徳と同じ高倉重子、頼仁《よりひと》親王の母は坊門信清の女子で坊門局・西の方と呼ばれていた。他の兄弟たちは出家しているが、雅成と頼仁は皇位継承候補者に残されていた。

建保《けんぽう》5年（1217）3月22日に順徳の中宮立子が順徳の第一子を出産したけれども、皇女であったので、順徳の次の皇位をめぐる思惑が宮廷に交差したとしてもおかしくはない。翌年10月に懐成が誕生したことにより、後鳥羽はこの問題を決着させ、懐成をただちに皇太子に立てた。

治天の君が守護人・地頭を統率する

懐成が誕生し皇太子に立った直後に実朝が横死《おうし》し、その後継者として雅成・頼仁のいずれかを下されることを幕府は求めてきた。雅成・頼仁は懐成が生まれていなければ、皇太子に立てられていたかもしれない親王である。いや懐成が皇太子に立てられた後も、雅成・頼仁は将来の皇位継承候補者であることを否定されたわけではない。

その親王を鎌倉に下すことを「将来ニコノ日本国ヲ二ニ分ルコト」と考えて後鳥羽が拒否したのは当然であったともいえる。

実朝の後継将軍の問題にも忠綱は関与していたと『愚管抄』は記している。道家の弟の基家《もといえ》は後鳥羽上皇の猶子として忠綱が養育していたが、忠綱は基家を鎌倉に下そうと画策したという。結局、鎌倉に下されたのは基家には甥にあたる三寅《みとら》であった。

その三寅が京から鎌倉に向かう途上にあった承久元年（1219）7月13日、大内守護源頼茂が後鳥羽上皇の遣わした軍勢に討たれた。頼茂は大内守護として大内裏の昭陽舎《しょうようしゃ》を在所としていたが、官軍はこの在所を襲撃して合戦となり、頼茂は伴類《ばんるい》とともに仁寿殿《にんじゅでん》に籠って自殺し、放火した。

火は郭内《かくない》の殿舎と仁寿殿観音像、応神天皇御輿《おうじんてんのうみこし》、大嘗会《だいじょうえ》御即位蔵人《くろうど》方往代《おうだい》の御装束《しょうぞく》等を焼き尽くした。『愚管抄』は頼茂が謀反の心を起こして将軍になろうとしたことが露見したと記している。忠綱はこの頼茂とも連絡があったが、頼茂の後見の法師が召し捕らえられ、いろいろと白状していると聞くと、それが上皇に披露される前に鎌倉に下した。頼茂との関係を疑われるのを恐れたものであろう。

8月に後鳥羽が病に倒れると、後鳥羽は忠綱を殿上人《てんじょうびと》・内蔵頭《くろうどのとう》まで取り立てて重用したのは間違いであったとして、忠綱を解官停任《げかんちょうにん》し、忠綱に預けていた領国も召し上げた。そうしたところ、後鳥羽の病は平癒《へいゆ》した。『愚管抄』は忠綱の失脚について「心アル人ハコレラノミメデタクゾ思タリケル」と記し、兼子が忠綱の赦免のために奔走していることを「人ハアザミケル」（人々はあさましく思った）と述べている。これは慈円が『愚管抄』を執筆している最中の出来事であった。

実朝が横死《おうし》したことにより、実朝を抹殺した、あるいは実朝を守り切れなかった幕府に対する不信感が後鳥羽に芽生えた。朝廷から見た幕府は、諸国および荘園・国衙《こくが》領の守護を奉行する守護人・地頭を、将軍が家人として統率する体制であった。将軍が守護人・地頭を統率できないのであれば、治天《ちてん》の君《きみ》が直接統率するという構想を後鳥羽は抱いたのではないか。

内裏図

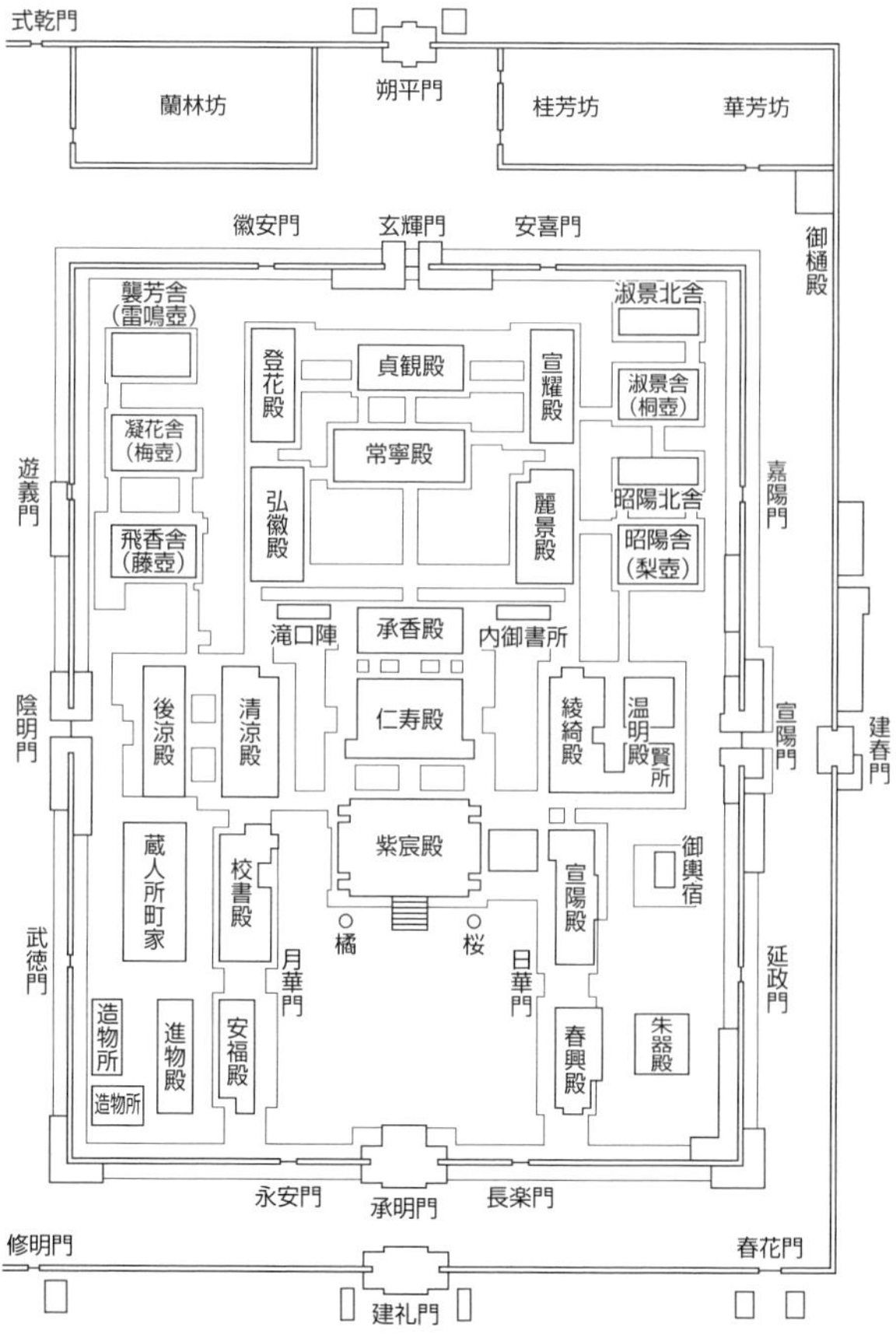
式乾門
朔平門
蘭林坊
桂芳坊
華芳坊
御樋殿
徽安門
玄輝門
安喜門
襲芳舎
(雷鳴壺)
淑景北舎
登花殿
貞観殿
宣耀殿
淑景舎
(桐壺)
凝花舎
(梅壺)
常寧殿
遊義門
嘉陽門
弘徽殿
麗景殿
昭陽北舎
飛香舎
(藤壺)
昭陽舎
(梨壺)
滝口陣
承香殿
内御書所
陰明門
後涼殿
清涼殿
仁寿殿
綾綺殿
温明殿
賢所
宣陽門
建春門
紫宸殿
御輿宿
蔵人所町家
校書殿
橘
桜
宣陽殿
武徳門
月華門
日華門
延政門
造物所
進物殿
安福殿
春興殿
朱器殿
造物所
永安門
承明門
長楽門
修明門
春花門
建礼門

京都を守護することを家業とし検非違使《けびいし》に補されることを例としていた武士の多くも、幕府の成立により御家人になっていたが、彼等は御家人として幕府の指示に従うと同時に、院の西面にも伺候《しこう》し、後鳥羽の指示により軍事行動を起こすこともあった。大内守護源頼茂の追討に伴って炎上した大内裏の殿舎は翌年再建されたが、頼茂に代わる大内守護は補されていない。大内裏の守護を大内守護に奉行させず、治天の君の直接の指示により、西面に伺候する御家人に奉行させようとしたのではないか。

さらにその体制を諸国に拡大するならば、守護人・地頭は院御所に伺候すべきなので、鎌倉に伺候すべきではない。守護人・地頭と鎌倉との関係を断つべきである。鎌倉には三寅《みとら》がいるけれども、三寅の父道家は東宮傅《とうぐうふ》、東宮が皇位に上れば摂政に任ぜられるべき人物である。三寅を傷つけるべきではない。となると、三寅を推戴《すいたい》して幕府の実権を掌握している義時が追討対象となる。

承久3年（1221）4月20日、順徳天皇は皇太子懐成親王《かねなりしんのう》に譲位し、関白近衛家実《いえざね》に代わって左大臣九条道家が摂政に任ぜられた。

2 承久の乱

仲恭《ちゅうきょう》天皇（懐成）が皇位に上った承久3年（1221）4月の頃から、京都には不穏な空気が流れていた。5月14日の晩景、京都守護大江親広は後鳥羽上皇に召し出され、これに応じた。もう一人の京都守護伊賀光季《いがみつすえ》は西園寺公経《きんつね》からの情報を得て、不調を申立て、出頭しなかった。公経・実氏父子は後鳥羽の側近僧二位法印尊長《ほういんそんちょう》により弓場殿《ゆばどの》に召し籠められた。

15日朝、後鳥羽上皇御所高陽院《かやのいん》に1700余騎の軍勢が集結し諸門を警衛した。内蔵頭《くらのかみ》藤原清範《きよのり》が武士の着到を記録した。高倉範茂《たかくらのりもち》が順徳上皇を迎えに行き、上皇は範茂と同車して参向《さんこう》した。土御門《つちみかど》上皇も卿二位と同車して参向。雅成・頼仁両親王もひそかに参向した。

「承久記絵巻」 長らく所在不明であったが、近年再発見された絵巻。この場面は、伊賀光季の宿館を攻める院の軍勢を描く（所蔵：高野山龍光院、提供：高野山霊宝館）

午《うま》の刻（すなわち正午頃）、大内惟信・佐々木広綱《ひろつな》・三浦胤義《たねよし》・佐々木高重《たかしげ》等が勅定《ちょくじょう》を受け、800騎の官軍を率いて高辻北京極西《たかつじきたきょうごくにし》角の伊賀光季《みつすえ》宅に向かい合戦、光季は宿館に火を放ち、息男光綱《みつつな》とともに自害した。南風を受けて余炎が数十町を焼き、姉小路東洞院《あねがこうじひがしのとういん》に達した。同時に六角西洞院《ろっかくにしのとういん》に起こった火災が閑院内裏の陣中に及んだため、申《さる》の刻（午後4時頃）、仲恭天皇は高陽院に行幸《ぎょうこう》した。

義時追討の宣旨《せんじ》が五畿七道諸国に遣わされた。宣旨は右弁官下文《うべんかんくだしぶみ》の形式で、諸国・庄園の守護人・地頭に対して、義時を追討し、院庁《いんのちょう》に参上して裁断を蒙ることを命令するものであった。

19日午の刻、光季の飛脚が鎌倉に下着《げちゃく》した。15日に官軍の襲撃を受ける前に出発したものだった。未《ひつじ》の刻（午後2時頃）、西園寺公経の家司《けいし》三善長衡《みよしのながひら》の飛脚が鎌倉に着き、公経・実氏が拘禁されたこと、光季が追討されたこと、義時の追討が宣下《せんげ》されたことを伝えた。

関東分の宣旨もこの日到着するという情報により捜索したところ、葛西谷山里殿《かさいがやつ》あたりで藤原秀康の所従押松丸《おしまつまる》が召し捕らえられた。押松丸は宣旨のほかに源光行《みつゆき》の副《そえ》状《じょう》と東士の交名《きょうみょう》を所持していた。宣旨は政子亭御堂御所において披閲《ひえつ》された。

後鳥羽の勅喚に応じた三浦胤義から兄義村あての私状も到着したが、義村はこれに返報せず、使者を追い返し、胤義の書状を持参して義時のもとに向かい、弟の反逆に同心せず、御方において無二の忠節に抜きんずることを申した。

『吾妻鏡』によると、政子は集まった御家人を簾下に招き、安達景盛に言葉を伝えさせたという。「みな心を一つにしてうけたまわるべし。これ最期のことばなり」と始め、頼朝の関東草創以来、御家人がいただいた御恩は山よりも高く海よりも深いことを説き、後鳥羽上皇側近の逆臣《ぎゃくしん》の讒言《ざんげん》によって非義《ひぎ》の綸旨《りんじ》が下されたけれども、名を

御家人を説得する政子　明治時代に発行された『少年日本史』の挿絵に描かれた政子（所蔵：国立国会図書館）

惜しむの族《やから》は秀康・胤義等を討ち取って、三代将軍の遺跡《ゆいせき》を全《まっと》うせよ、ただし上皇方に参上することを欲する者は今ただちに申し出よと命じたものだった。

『吾妻鏡』の当該箇所には景盛の名が「秋田城介景盛《あきたじょうすけ》」と記されているけれども、景盛は実朝が横死した翌日に出家しており、政子の言葉を伝えた記事を例外として、その前後では「秋田城介景盛入道」「城介入道」と記されている。単に「入道」の語が脱落しただけかもしれないけれども、あるいは『吾妻鏡』のこの部分の材料が他の部分と異なることを示しているのかもしれない。

積極的に京に攻め上ることを決定

夕刻、義時亭に時房・泰時・広元・義村・景盛等が集まり対応を評議した。足柄・箱根両方の関を固めて、京方の軍勢を迎え撃つ策にまとまりかけたが、広元が、積極的に軍兵を京都に発遣する策を主張した。義時が両方の議を政子に伝え、政子は広元の積極策を採り、安保実光《あぼさねみつ》以下の武蔵国の軍勢の到着次第、ただちに上洛することを命じた。実光は泰時の妻の祖父であった。泰時の子時実《ときざね》もすでに10歳になっているから、その曾祖父にあたる実光はかなりの高齢であったと思われる。

上洛の軍勢を催促するため、遠江・駿河・伊豆・甲斐・相模・武蔵・安房・上総・下総・常陸・信濃・上野・下野・陸奥・出羽に義時の奉書が送られ、家々の長に対して一族を相具《あいぐ》して軍勢に加わることが命じられた。この15カ国が鎌倉から直接軍事動員をすることができた東国の範囲である。

21日、上洛を遅らせて変心する者があることを危惧し、武蔵勢の到着を待たず、泰時一人でも進発《しんぱつ》することが決められた。夜に入り泰時は首途《かどで》（旅立ち）し、藤沢清親《ふじさわきよちか》の稲瀬川《いなせがわ》（鎌倉市の西）の宅に宿した。

22日卯《う》の刻（午前6時頃）、泰時は従軍18騎で京都に向けて進発し、東海道を西上した。『吾妻鏡』は泰時の子息時氏《ときうじ》以下17人の名前を記しているから、18騎というのは泰時自身を加えた数と思われる。また17人は泰時の家の子・郎党《ろうとう》と思われ、泰時に近侍《きんじ》する者だけで進発したことになる。その後、北条時房、足利義氏《よしうじ》、三浦義村、同泰村等も東海道に進んだ。また名越朝時《なごえともとき》が北陸道大将軍として首途した。

25日までに19万騎の軍勢が東海・東山・北陸三道に分かれて京都に向かった。東海道軍は北条時房、同泰時、同時氏、足利義氏、三浦義村、千葉胤綱を大将軍とする10万余騎、東山道軍は武田信光、小笠原長清《おがさわらながきよ》、小山朝長《ともなが》、結城朝光を大将軍とする5万余騎、北陸道軍は名越朝時、結城朝広《ともひろ》、佐々木信実《のぶざね》を大将軍とする4万余騎である。各軍の数は鎌倉を出発した数ではなく、進軍の途上で加わった者を合わせたものであろう。一つには軍勢を催促する必要から、一つには地域を制圧する必要から、軍勢は三方に分かれて進んだ。

鎌倉幕府軍の進路図

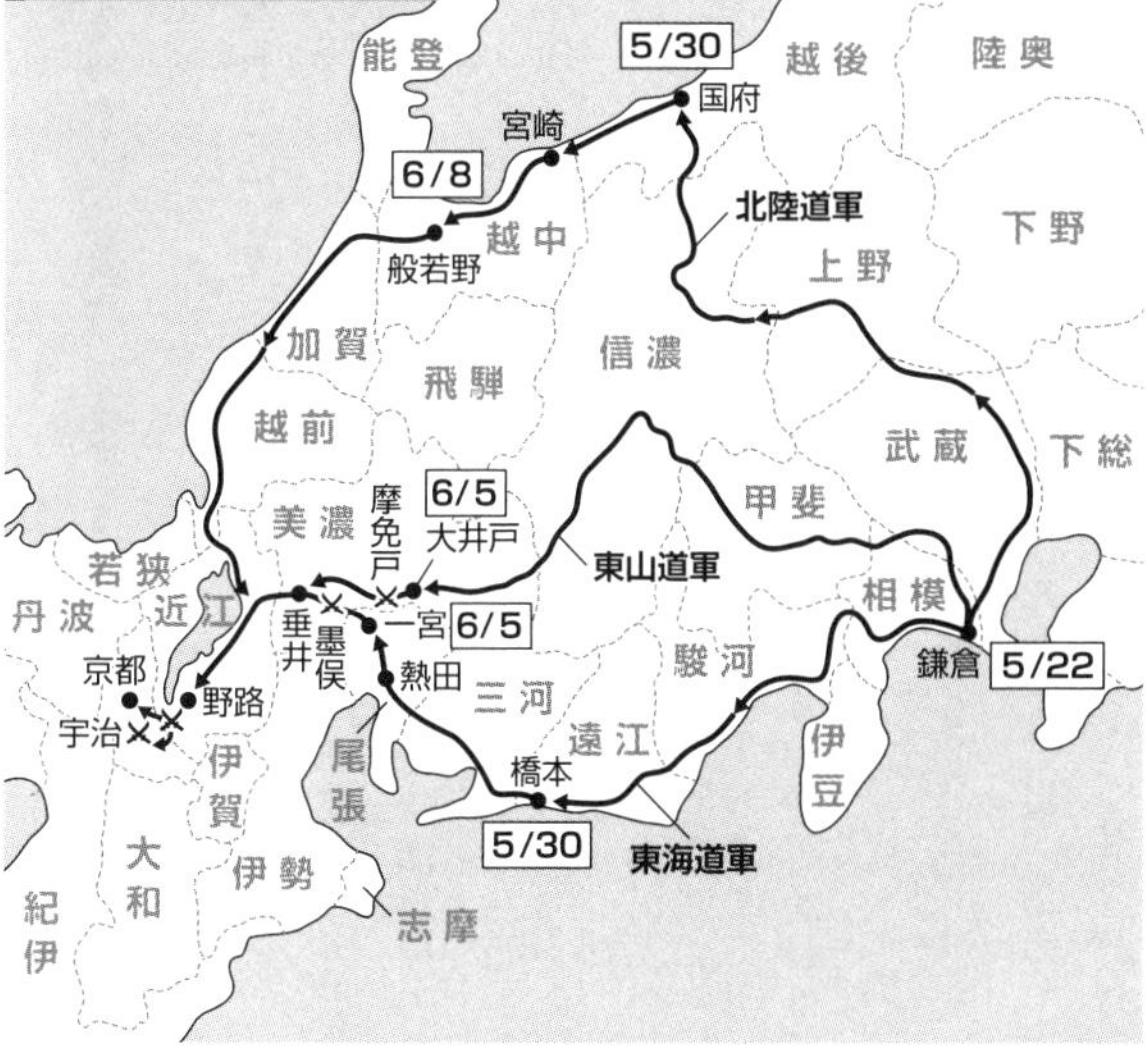

能登
越後
陸奥
5/30
国府
宮崎
6/8
北陸道軍
下野
越中
般若野
上野
加賀
信濃
飛騨
越前
武蔵
下総
甲斐
美濃
摩免戸
6/5
大井戸
東山道軍
若狭
相模
丹波
近江
垂井
墨俣
一宮
6/5
京都
野路
熱田
三河
駿河
鎌倉
5/22
宇治
遠江
伊豆
伊賀
尾張
橋本
5/30
東海道軍
大和
伊勢
紀伊
志摩

北陸道軍に加わった市河六郎刑部《いちかわろくろうぎょうぶ》に義時が遣わした書状が残っている(『市河文書』)。6月6日付の藤原兼佐《かねすけ》の奉書《ほうしょ》に義時が花押《かおう》を加えたものである。これは5月30日亥《い》の刻(午後10時頃)に市河六郎刑部が発信した書状が、6月6日申《さる》の刻(午後4時頃)に義時のもとに届いたことに対する返信である。

この書状から読み取れるところによると、市河六郎刑部は大将軍名越朝時《ともとき》の到着を待たずに5月30日に越後《えちご》国(新潟県)蒲原を攻め落とし、同日申の刻に京方《きょうがた》の宮崎定範を追い落とした。

『承久記』には、「越中越後の界に蒲原《かんばら》と云ふ難所あり。一方は岸高くして人馬更に通り難し。一方は荒磯にて風烈しき時は船路心に任せず。岸に添たる細道、岩間を伝ふてとめゆけば、馬の鼻五騎十騎ならべて通るに能《あた》はず。僅《わずか》に一騎ばかり通る道也。市降浄土と云ふ所に逆茂木《さかもぎ》を引て宮崎左衛門堅めたり」と書かれている。

越中・越後の国境《くにざかい》は現在の富山・新潟の県境に相当し、境川《さかいがわ》が流れている。境川をはさんで富山県側が宮崎、新潟県側が市振《いちぶり》(『承久記』は「市降」と表記するが現在の地名では「市振」)である。宮崎・市振のあたりは多少の平地があるが、市振より東

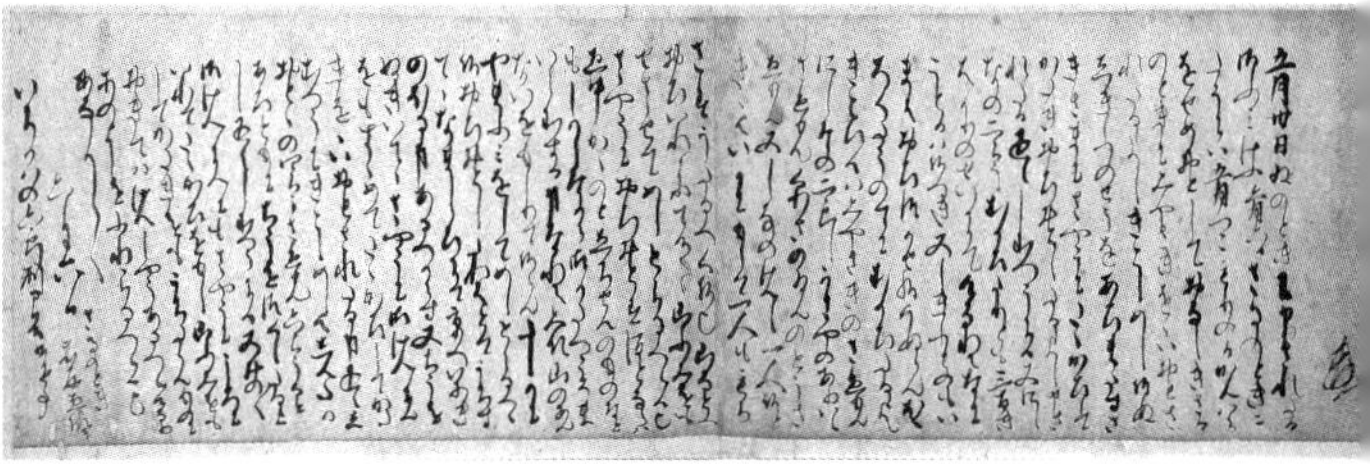

北条義時袖判藤原兼佐奉書　承久３年６月６日（市河文書） 北条義時が承久の乱の最中、戦況を報告してきた市河六郎刑部に返事したもの（所蔵：本間美術館、提供：長野県立歴史館）

北条朝時肖像　100人の武将・烈女の和歌を集めた「義烈百人一首」に描かれた北条朝時（所蔵：国文学研究資料館）

に進むと親知らずであり、断崖が海に迫っている。1883年に断崖上の道が切り開かれる前は、人々は波打ち際を通るしかなかった。このあたりが蒲原に当たると思われる。

市河六郎刑部は、国境を越えて進出してきていた定範を追い落としたのであろう。義時の書状は長文であるが、次のような内容を伝えている。

「朝時の到着を待たずに先行して戦ったのは神妙である。仁科盛朝《にしなもりとも》が向かってきても、300騎ほどであるから、問題ではないと思っている。京方の軍勢で北陸道に向かったのは宮崎定範《さだのり》、仁科盛朝、糟屋有久《かすやありひさ》、花山院藤左衛門《かざんいんとうざえも》および信濃源氏一人と聞いている。敵は一人も漏らさず討ち取り、山などに逃げ込んだ場合には山踏みをして召し捕らえよ。この勢いで敵方を追い落としたならば、越中、加賀、能登《のと》（石川県）、越前《えちぜん》（福井県）の者どもも味方に参るであろうから、山の案内を得て確実に山踏みを行え。当座追い落としたからと言って、逃げた敵を放置して京上を急いではならない。他の御家人たちと語らって共に忠節に抜きんじたのは神妙である。京方と戦い、山踏みをして敵を討った者には勧賞があることを他の者た

宮崎城跡より市振・親知らずを望む　宮崎城は標高250メートルほどの山に築かれた山城（筆者撮影）

ちにも知らせよ」

このように義時は述べている。

『吾妻鏡』は、京方張本水無瀬《みなせ》信成《のぶなり》の家人酒匂家賢《さこういえかた》が伴類60余人とともに籠る越後国加地庄願文山《かじのしょうがんもんざん》を、5月29日に佐々木信実が攻撃したことを記し、これを「関東の士、官軍をやぶるの最初」と記している。加地庄は信実の父盛綱の代からの所領であるから、信実は地元の京方を討って北陸道軍に加わったのであろう。

6月8日に北陸道軍は越中国般若野庄《はんにやののしょう》に到ったが、ここに義時追討の宣旨が到来した。その後京方の軍勢と合戦になり、京方の糟屋有久《かすやありひさ》は討死《うちじに》、林次郎・石黒三郎など在国の武士は幕府方に投降した。

濃尾国境を突破して京へ進軍

一方、東海道軍と東山道軍は6月5日に木曾川左岸に達し、京方と対峙《たいじ》した。晩に及んで、東山道軍の武田信光・同信政《のぶまさ》、小笠原長清父子8人、小山朝長等は大井戸《おおいど》を

尾張と美濃戦線の進路図

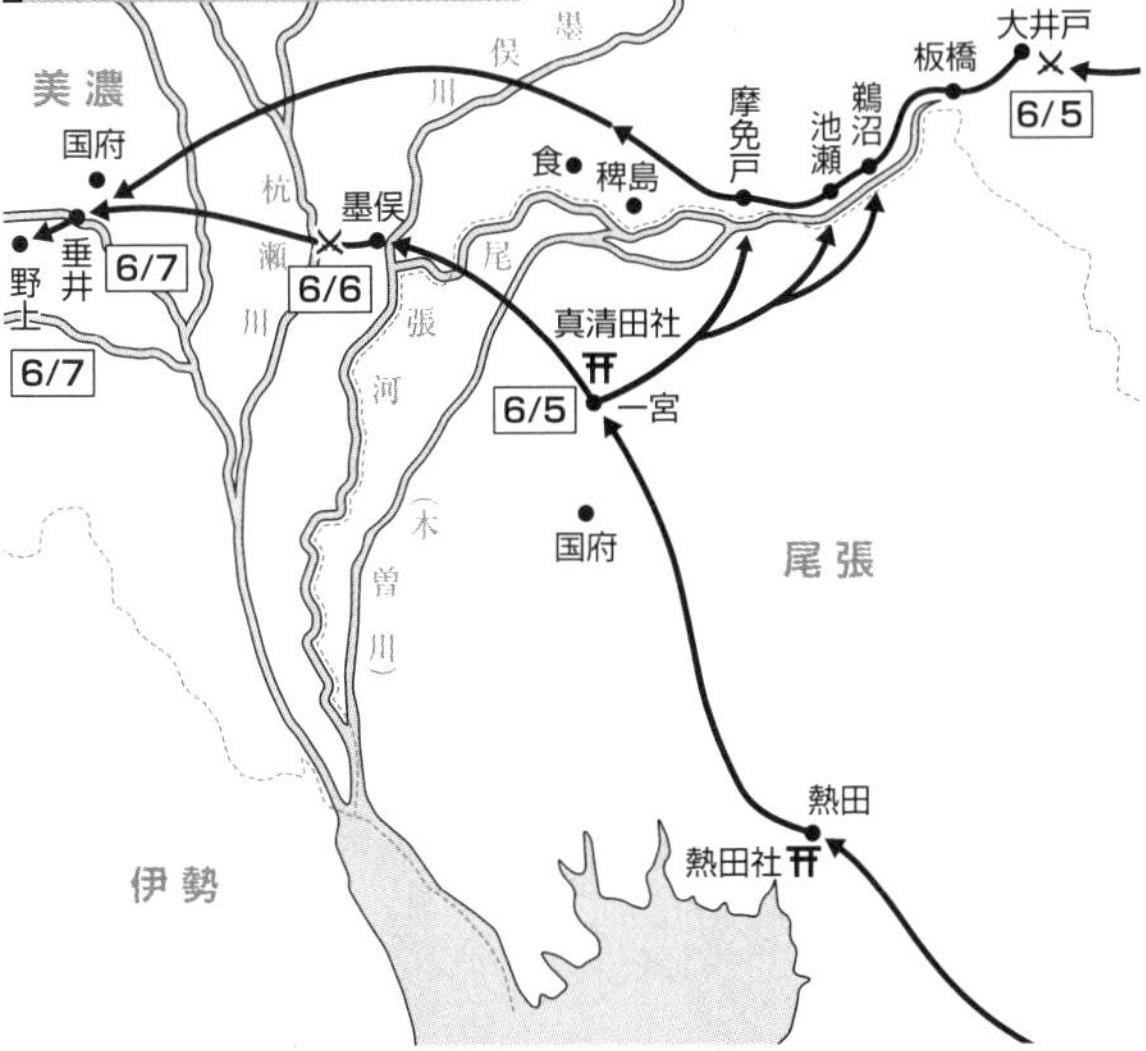

渡って京方の軍勢を破り、大将軍大内惟信を逃亡させた。翌朝、東海道軍の北条時氏、同有時《ありとき》は安保実光《あぼさねみつ》等とともに摩免戸《まめど》（岐阜県各務原市）を渡り京方を破って、莚田《むしろだ》（岐阜県本巣市）に到った。7日、東海道軍と東山道軍は野上《のがみ》・垂井《たるい》両宿に陣し、京都攻略の部署を定めた。

13日、東海・東山両道の軍勢は方々の道に分かれて進軍、時房は勢多《せた》（滋賀県大津市）に向かった。酉《とり》の刻（午後6時頃）、毛利季光《もうりすえみつ》・三浦義村は淀《よど》・手上《たのかみ》に向かい、泰時は栗子山《くりこやま》（京都府宇治市）に陣を置いた。足利義氏・三浦泰村が泰時に報告せずに宇治橋に向かい合戦を始めたが、京方の矢・石にあたる者が多く、平等院《びょうどういん》に籠った。夜半に及んで義氏が泰時に使者を送ったので、泰時は雨中宇治《うじ》に向かい、平等院に入った。

14日卯《う》の三刻《みとき》（午前7時頃）、泰時の命を受けた芝田兼義《しばたかねよし》・春日貞幸《かすがさだゆき》が宇治川を渡る浅瀬を探して伏見津瀬に向かい、佐々木信綱・中山重継《なかやましげつぐ》・安東忠家等も兼義に従って河俣を下った。

勢多・宇治・山城戦線の進路図

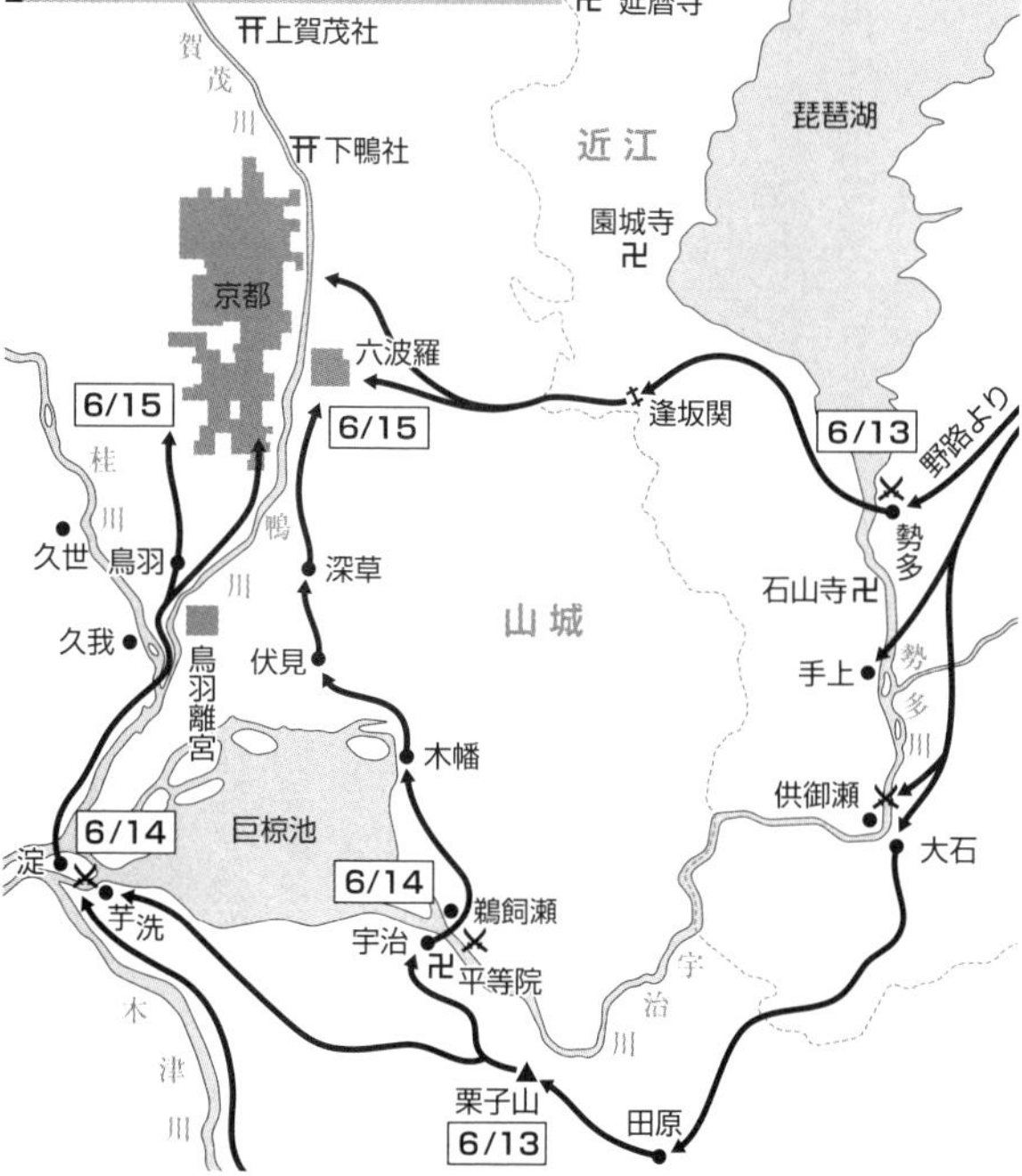

渡河を強行して96人従軍800余騎が溺死したが、安保実光もその中にいた。佐々木信綱が芝田兼義と先陣を争って渡河に成功したのを最初として、宇治攻略の部隊は続々と河を渡った。泰時も足利義氏とともに筏《いかだ》に乗って渡った。

京方の大将軍源有雅《ありまさ》・高倉範茂・安達親長《あだちちかなが》等は退却し、八田知尚《ともひさ》・佐々木惟綱《これつな》・小《お》野《の》成時《なりとき》等は藤原朝俊を大将軍として戦ったが討死した。幕府方は逃亡した京方を追撃し、宇治河北辺の民屋に火を放ち、敗残兵を掃討した。

『百練抄《ひやくれんしょう》』は関東武士が宇治路を打ち破って入洛したのを申《さる》の刻（午後4時頃）と記している。泰時は16騎を具し深草河原《ふかくさがわら》に陣を置いたが、そこに西園寺公経の使者三善《みよし》長衡《ながひら》が来会し対面した。

毛利季光・三浦義村は淀・芋洗《いもあらい》等の要害を破り、高畠のあたりに宿したが、泰時からの使者を受けて、深草に到った。時房は勢多橋において京方と合戦した。夜陰に及んで、大江親広・藤原秀康・盛綱・三浦胤義等は軍を棄《す》て帰洛、親広は関寺あたりで零落《れいらく》した。時房は三条河原に宿し、京方についた佐々木高重等を処刑した。

15日辰《たつ》の刻（午前8時頃）、勅使《ちょくし》として小槻国宗《おづきくにむね》が六条河原の泰時の軍陣に参り、後鳥羽上皇の院宣を捧げた。泰時・義村・堺常秀《さかいつねひで》・佐竹義重《さたけよししげ》等が下馬して院宣を拝し、軍勢の中から院宣を読める者を探して、武蔵国住人藤田三郎が院宣を読んだ。院宣の内容は、今度の合戦は上皇の意志によるものではなく、謀臣等の申し行ったものであること、義時以下を本官《ほんかん》に還任《げんにん》し、追討の宣旨を召し返すこと、今後は幕府の申請する通りに聖断を下すこと、帝都において武士の狼藉《ろうぜき》を停止すべきことなどであった。巳《み》の刻（午後4時頃）、時房・泰時の軍勢が六波羅《ろくはら》に入った。

19日、朝廷は藤原秀康以下の残党を追討することを京畿《けいき》諸国に命ずる宣旨を下した。かつての官軍が追討対象に転じた。

幕府方の北陸道軍が入京したのは、『百練抄』によれば20日であるが、『武家年代記』は24日、慈光寺《じこうじ》本『承久記』は17日と伝える。

泰時が16日に遣わした飛脚は23日の丑《うし》の刻（午前2時頃）に鎌倉に到着した。ただちに公卿・延臣の罪名以下洛中の事について広元が文治元年（1185）の先規に基づいて勘申《かんじん》し、事書《ことがき》に整えられた。文治《ぶんじ》元年というのは3月に平家が滅亡し、その後頼朝と義経が対立し、義経の申請により一旦頼朝追討の宣旨が出されたものの義経の没落により召し返され、その後の処理のために北条時政が上洛した年である。この年の前半には平宗盛以下に対する処分の問題があったし、後半には頼朝を一旦追討対象とした朝廷の関係者に対する処分の問題があった。

24日寅《とら》の刻（午前6時頃）、安東光成《みつなり》が事書を持参して鎌倉を立ち、29日の子《ね》の刻（午前0時頃）に光成は六波羅に着いた。

7月2日、後藤基清・五条有範・佐々木広綱・大江能範が梟首《きょうしゅ》された。彼等は在京御家人であるとともに院の西面にも伺候し、今回の合戦では京方に加わっていた。

8日、後鳥羽上皇の兄入道行助親王《にゅうどうぎょうじょしんのう》が院政を行うことになり、九条道家の摂政を停め、近衛家実を摂政とした。

この日後鳥羽上皇は出家した。

9日、仲恭天皇は高陽院において退位して九条道家の九条亭に赴き、行助の子茂仁王《ゆたひとおう》が閑院内裏において剣璽と賢所《けんしょ》を受け、皇位に就いた。後堀河《ごほりかわ》天皇である。

宇治川合戦――「今は大将軍が死ぬべき時である。汝は命を捨てよ」

鎌倉時代の6代にわたる将軍記をまとめた『吾妻鏡』から、承久の乱の決戦を読み解く。

十四日丁卯《ひのとう》。はれ。雷が何度か鳴った。

武州（泰時）は川を越えて戦わなければ官軍を破ることはできないと考え、芝田橘六兼義を召し、川の浅瀬を調べるように命じた。

兼義は南条七郎（時員）を伴い、真木島に馳せくだった。昨日の雨により、水は濁り波は激しかった。川底を窺うのはむずかしかったが、水練に長けていたので川の深さを知ることはできた。

しばらくして馳せ帰り、渡るのは不可能ではないと報告した。卯《う》の三刻《みとき》（午前7時前）になって、兼義、春日刑部三郎貞幸等は命を受け、宇治川を渡るために伏見津の瀬に馳せ向かった。佐々木四郎右衛門尉信綱、中山次郎重継、安東兵衛尉忠家等が兼義の後に従い、河俣に沿って下った。信綱・貞幸は「ここが瀬か」「ここが瀬か」と何度も聞き、兼義は返答することができなかった。

数町下った後に、信綱・重継・貞幸・忠家は鞭《むち》をあげて同時に渡った。官軍はこれを見て、同時に矢を放った。兼義・貞幸の乗馬は河中で矢にあたり漂流した。貞幸は水底に沈み、もはやこれまでとなったが、心中に諏方明神を祈念し、腰刀《こしがたな》を取って鎧《よろい》の上帯と小具足を切り、しばらくしてわずかに浅瀬に浮き出て、水練に長けた郎従等によって救われた。武州はこれを見て、手ずから数箇所の灸《きゅう》を加えたので、正気を取り戻した。従った子息郎従等十七人が水没した。

その後、軍兵の多くが水面に轡《くつわ》を並べたが、流れが急で、戦う前に十のうち二、三割が死んだ。すなわち関左衛門入道（政綱）、幸島四郎（行時）、伊佐大進太郎、善右衛門太郎（康知）、長江四郎、安保刑部丞（実光）以下九十六人、従軍八百余騎である。

信綱は一人中島の古柳の陰に到ったが、後進の勇士が水没したので、先に渡る手立てを失った。子息太郎重綱を武州の陣に遣わし、「軍勢を賜《たまわ》って向岸に渡りたい」と申し上げた。武州は勇士を加勢することを示し、兵粮《ひょうろう》を重綱に与えた。重綱はこれをいただいて父の所に帰った。

信綱は卯《う》の刻にこの中島に着いたが、後続の軍勢を待ち、重綱（甲冑を着けず、馬に乗らず、裸で帷《とばり》だけを頭に纏《まと》った）が往還する間に時を移し、日の出を迎えようとしていた。

武州は太郎時氏を招き、「わが軍は敗北しようとしている。今は大将軍が死ぬべき時である。汝はすみやかに川を渡り、軍陣に入り、命を捨てよ」と命じた。

時氏は佐久満太郎（家盛）、南条七郎以下六騎を相具して進み渡った。

武州は一言も発せず、ただ前後を見ていたところ、駿河次郎泰村（主従五騎）以下数輩がまた渡った。官軍は東士が水没するのを見て、勝ちに乗ずる様子であった。武州は馬を進めて川を渡ろうとした。貞幸は馬の轡を取ったけれども、止めることができなかった。

貞幸は謀《はか》って、「甲冑を着して渡るものの多くは水死しております。早く甲冑をお脱ぎになってください」と呼び掛けた。武州が田畝《でんぼ》に下り立ち甲冑を脱いだところで、貞幸が乗馬を引き隠したので、武州は心ならず留まった。

信綱は先陣の名をあげたが、中島において時刻を移してしまったので、着岸したのは武蔵太郎と同時であった。大綱は、信綱が太刀を取り切り棄てた。兼義は乗馬が矢にあたり斃《たお》れたけれども、水練に長けていたので、無事に着岸した。

時氏は旗を揚げ矢石を発した。東士と官軍は戦いを挑んで勝負を争い、東士は九十八人が疵《きず》を被った。武州と武蔵前司《むさしのぜんじ》（足利義氏）等は筏《いかだ》に乗り川を渡った。尾藤左近将監（景綱）が平出弥三郎に民屋《みんおく》を壊し取って筏を造らせたという。

武州が着岸した後、武蔵相模の輩は激しく攻め戦った。大将軍二位兵衛督《ひょうえのかみ》有雅卿、宰相中将範成卿、安達源三左衛門尉親長等は防戦の術を失って逃げ去った。筑後六郎左衛門尉知尚・佐々木太郎右衛門尉・野次郎左衛門尉成時等は右衛門佐朝俊を大将軍として、宇治川辺に残留して戦ったが、全滅した。

このほかの官兵は弓箭《きゅうせん》を捨てて敗走した。武蔵太郎はその後を追い征伐した。さらに宇治川北辺の民屋に火をかけたので、逃げ籠っていた族は煙を吸い、度を失った。

武州は壮士《そうし》十六騎を相具してひそかに深草河原に陣を置いた。右幕下（西園寺公経）の使（三善長衡）がこの所に来て、「どこまでお出でか見てくるようにとの仰せでした」と申した。武州は「明朝入洛いたします。まっさきにお伺いしましょう」と答え、使者の名を問うた。長衡は名を名乗った。

そこで南条七郎を長衡に付け、右幕下のもとに遣わし、その亭を警固するように命じた。毛利入道《にゅうどう》(季光)・駿河前司《ぜんじ》(三浦義村)は淀・芋洗等の要害を破り、高畠辺に宿した。武州が使者を寄こしたので、両人は深草に到った。相州は勢多橋において官兵と合戦した。

夜になって、親広・秀康・盛綱・胤義は軍陣を棄てて帰洛し、三条河原に宿した。親広は関寺《せきでら》あたりで零落した。

官軍佐々木弥太郎判官高重以下は、それぞれ誅《ちゅう》された。

第4章のまとめ

義時の危機は幕府の危機？

後鳥羽上皇は実朝を守れなかった幕府に失望。自ら守護・地頭を統率することを決意し、義時追討を諸国に命じた。義時は朝敵になってしまった。2人の京都守護のうち1人は上皇に従い、もう1人は挙兵の血祭にあげられた。義時危うし……。

逆転の一手

政子亭に集まった御家人たちに、政子の言葉が伝えられた。死を覚悟した最期の言葉として、頼朝以来の御家人に対する御恩を説き、義時追討の宣旨を逆臣の讒言による非義の綸旨《りんじ》として、君側の奸《かん》を除くことを呼び掛けたものだった。

POINT

在京・近国の御家人の多くは後鳥羽上皇に従ったが、鎌倉・東国の御家人は尼御台所政子の言葉に従った。義時は一貫して政子を支えてきたが、人生最大の危機を政子によって救われた。

第5章

伊賀氏の変
——身内の危機

1 義時の妻と子

承久の乱の3年後、義時は亡くなった。しかし義時の終焉について語る前に、義時の妻と子について振り返っておきたい。

建久《けんきゅう》3年（1192）9月25日、比企朝宗《ひきともむね》の息女姫前《ひめのまえ》がはじめて義時亭に赴いた。姫前は幕府に仕える官女で、義時はこの一両年思いを寄せていたが、姫前は応じていなかった。義時の思いを知った頼朝は、義時から離別しない旨の起請《きしょうもん》文を取り、姫前に義時との結婚を命じた。この時、義時は30歳であった。

しかしこの時、義時には11歳になる男子がすでにいた。のちの泰時である。泰時の母についてはほとんど何もわからない。『系図纂要《けいずさんよう》』はその名を阿波局《あわのつぼね》と記すけれども、当時幕府で阿波局といえば、義時の姉妹で頼朝の弟阿野全成《あのぜんじょう》の妻となっていた人物である。同時に同じ名で呼ばれる人物がいたとは考えられないので、『系図纂要』が記すのは誤伝であると思われる。

となると、泰時の母については何もわからないことになる。泰時の年齢から、泰時の誕生が治承《じしょう》6年（1182）であることがわかるのみである。頼朝の挙兵から2年後で、幕府がまだ朝廷からの承認を得られず、謀反人の権力であった時期、義時は20歳であった。


建久5年（1194）2月2日の夜、御所の西侍において13歳になった泰時の元服の儀が行われた。平賀義信以下の源氏一門、千葉常胤以下の宿老《しゅくろう》、北条時政、義時も含めて35人が三行に着座したところに頼朝がお出ましになり、加冠《かかん》の儀が行われ、太郎頼時と命名された。頼朝の一字が与えられたものであろう。

つまり泰時の初名は頼時《よりとき》である。『吾妻鏡』は正治《しょうじ》2年（1200）2月26日条まで頼時の名で記し、建仁《けんにん》元年（1201）9月22日条から泰時の名で記している。つまり、頼朝の死後に頼時を泰時に改めたのであろう。何故《なにゆえ》に改名したのか、「泰」の名字は何に由来するのかはわからない。

北条泰時　月岡芳年「大日本名将鑑」に描かれた北条泰時。床机に腰を下ろす姿は、承久の乱の様子であろうか（所蔵：刀剣ワールド財団）

北条義時の子女

名	母	生年	没年	備考
泰時	阿波局？	1182	1242	太郎、執権
朝時	比企朝宗女姫前	1194	1245	次郎、評定衆
重時	比企朝宗女姫前	1198	1261	三郎、連署
政村	伊賀朝光女	1205	1273	四郎、執権
実泰	伊賀朝光女	1208	1263	五郎、小侍所別当
有時	伊佐朝政女	1200	1270	六郎、評定衆
時尚	伊賀朝光女	1222		七郎
竹殿	比企朝宗女姫前			大江親広室、土御門定通室
女	伊賀朝光女			一条実雅室、唐橋通時室
女	伊賀朝光女			西園寺実有室
女	伊賀朝光女	1221		

▲比企氏の血を引く正室姫前

姫前は義時との間に朝時《ともとき》・重時《しげとき》と竹殿《たけどの》と呼ばれた女子を儲けた。朝時と重時の生年は、卒年《そつねん》と享年《きょうねん》から計算して、建久5年と建久9年と分かる。重時については、『北条時政以来後見次第』に建久9年6月6日巳《み》の刻（午前10時頃）の誕生と記されている。義時は建久5年に32歳、建久9年に36歳であった。

その後、姫前は義時と離別して上洛し、和歌所寄人《わかどころよりうど》であった源具親《ともちか》との間に輔通《すけみち》・輔時《すけとき》を儲ける。輔通の生年が元久《げんきゅう》元年（1204）であるので、姫前の上洛はそれ以前ということになる。姫前は承元《じょうげん》元年（１２０７）３月29日、産後の胞《ほう》が下りずに亡くなった。

姫前の女子竹殿もまた京都に住み、二人の夫を持った。前夫は大江親広《ちかひろ》、後夫《ごふ》は土《つち》御門定通《みかどさだみち》である。竹殿は定通との間に顕親《あきちか》と顕雲を儲けるが、顕親の生年が貞応《じょうおう》元年（１２２２）であるので、婚姻の成立はそれ以前ということになる。

承久の乱で京方についた大江親広が敗戦後、関寺《せきでら》のあたりで零落し姿を消したことが、再婚の原因になったのかもしれない。宝治《ほうじ》元年（１２４７）の最勝講《さいしょうこう》の際、証義《しょうぎ》者《しゃ》覚遍が二条堀川の宿所から参内する途中、路傍を遮る空車を排除して堀川に入れたことから闘乱となったが、堀川に入れられた空車は、因幡守広盛《いなばのかみひろもり》が用意し、聴衆になっていた顕雲の宿所に向かうものであった。

この広盛は顕雲の母竹殿の乳夫であり、以前は大江親広に仕えていたが、現在は土御門定通の家僕《かぼく》であると記録されている。

姫前は比企氏の出身であるから、建仁3年（1203）9月に比企一族が滅亡したことが離別の原因であったかとも考えたくなる。しかし、正治2年（1200）5月25日に伊佐朝政の女が義時の子を産んだ時には、加持《かじ》のために鶴岡若宮別当尊暁《そんぎょう》が前夜から大倉亭に詰め、出産の朝には頼家から馬が、政子から産衣《さんい》が下されている。姫前が大倉亭に同居していたならば、この扱いはむずかしかったのではないか。伊佐朝政の女が出産する以前に、姫前は義時のもとを去っていたのかもしれない。

▲後室伊賀氏との子

姫前と離別した義時は伊賀朝光《ともみつ》の女を正室とし、元久2年（1205）6月22日の未《ひつじ》の刻（午後2時頃）に政村《まさむら》が誕生した。義時は43歳、武蔵国二俣川において畠山重忠と合戦の最中であった。

建永《けんえい》元年（1206）10月24日、御所において朝時の元服の儀が行われ、名字が次郎朝時と定められた。泰時の元服と同じく13歳であった。

政村と同じく伊賀氏を母とする実泰《さねやす》について、誕生の記録は残されていないが、卒

「義烈百人一首」に描かれた北条政村　和歌に優れ、「新勅撰和歌集」には37首がのっている（所蔵：国文学研究資料館）

年と享年から計算すると、実泰は承元2年（1208）の出生である。この年、義時は46歳であった。

重時の元服についての記録も残されていないが、泰時・朝時の元服年齢13歳に重時が達したのは承元4年（1210）である。

建保《けんぽう》元年（1213）12月28日、御所において政村の元服の儀が行われ、三浦義村が加冠を務め、名字が四郎政村と定められた。政村は9歳であった。

建保2年（1214）10月3日の戌《いぬ》の刻（午後8時頃）、実泰の元服の儀が将軍実朝の御前で行われ、大内惟義《これよし》が理髪《りはつ》を務め、名字が相模五郎実義《さねよし》と定められた。実泰は7歳であった。『吾妻鏡』は嘉禄《かろく》元年（1225）5月12日条まで実義の名で記し、安貞《あんてい》2年（1228）正月3日条から実泰の名で記している。「泰」の一字は兄泰時から与えられたものであろう。

伊佐氏を母とする有時《ありとき》は政村よりも5歳、実泰よりも8歳の年長であるが、呼び名は政村が四郎、実泰が五郎であるのに対して、有時は六郎とされた。

有時は政村誕生の時点では6歳、実泰誕生の時点では9歳だった。政村・実泰の誕生後は正室腹《せいしつばら》の政村・実泰が有時の上位に置かれ、有時よりも先に政村・実泰の元服が行われることになった。まだ泰時・朝時の元服年齢13歳に達していなかったが、政村が9歳で、実泰が7歳で元服したのはそのためであろう。

有時の元服に関する記録は残されていないが、実泰よりも後、従って15歳以上での元服だったと考えられる。

政村を産んでから16年が経過した承久3年（1221）11月23日に伊賀の方は女子を平産《へいさん》、さらに翌年貞応《じょうおう》元年にも12月12日に男子を平産している。貞応元年誕生の男子は後に陸奥《むつ》七郎時尚《しちろうときひさ》を名乗ることになる。

2 義時の死と一族の内紛

貞応《じようおう》3年（1224）6月6日、酷暑が10日以上続いたため、関東ではじめて七《なな》瀬《せ》の祓《はらえ》が行われた。災禍を祓うために7つの瀬に人形を流すのであるが、由比浜・金《かね》洗沢池《あらいさわいけ》・固瀬川《かたせがわ》・六浦《むつら》・独川《いたちがわ》・杜戸《もりと》・江島龍穴の7カ所で行われた。

12日の辰《たつ》の刻（午前8時頃）から義時は心身の不調を訴えた。陰陽師の卜筮《ぼくぜい》による判断は、大事には及ばず、戌《いぬ》の刻（午後8時頃）には軽減するであろうというものだった。天地災変祭《てんちさいへんさい》をはじめとする陰陽道の祈禱《きとう》も行われた。しかし、義時の病状は悪化していった。

翌日、義時は危篤状態になったため、重時を使者として三寅《みとら》に報せ、許可を得て、寅《とら》の刻（午前4時頃）に義時は出家した。巳《み》の刻（午前10時頃）、あるいはそれよりも少し早く、義時は息を引き取った。享年62。ひごろから脚気《かつけ》を患っていた上に熱中症を併発したのが死因であった。
午《うま》の刻（すなわち正午頃）、飛脚が京都に遣わされた。義時の正室伊賀氏は退耕行勇《たいこうぎょうゆう》を戒師《かいし》として出家した。

18日戌《いぬ》の刻（午後8時頃）、頼朝の法華堂の東山上を墳墓として義時の葬送が行われた。朝時・重時・政村・実泰・有時・三浦泰村と数人の宿老が喪服を着けて参列した（喪服を着けるのは故人に近しい者に限られる）。泰村は義時の猶子《ゆうし》になっていた。

13日に鎌倉を立った飛脚は16日に入洛した。泰時は17日の丑《うし》の刻（午前2時頃）に京を立ち、26日の未《ひつじ》の刻（午後2時頃）に由比（鎌倉市由比が浜）のあたりに着いた。19日に出京した時房も同日に鎌倉に着いた。足利義氏も同じく下着した。27日が吉日に当たるので、この日に泰時は小町西北の鎌倉亭に入った。

『吾妻鏡』は28日に政子が時房・泰時に三寅の後見として武家の事を執行することを命じたとする。しかし時房が泰時と並ぶ地位に就き、幕府の発給する文書に泰時と並んで署名するようになるのは、翌年政子が死去した後であると考えられている。

▲伊賀氏の「陰謀」

『吾妻鏡』はまた同日の条に伊賀氏の「陰謀」を記す。それによると、伊賀氏は女婿の一条実雅《さねまさ》を関東将軍に立て、子息政村《まさむら》をその後見として、武家の成敗《せいばい》を伊賀光宗《みつむね》兄弟に任せることを企んでいるという。

一条実雅は建久7年（1196）の生まれで、父能保《よしやす》50歳の時の子であった。父は翌年亡くなるが、実雅は姉の夫西園寺《さいおんじ》公経《きんつね》の猶子として立身《りっしん》した。鎌倉に下向したのは建保6年（1218）、実朝の左大将拝賀に供奉《ぐぶ》するためであったが、そのまま鎌倉に住み、翌年正月の実朝の右大臣拝賀にも供奉、公暁《くぎょう》による実朝殺害の惨劇に際会することになった。

実朝の後継将軍に三寅が選ばれると、三寅下向に京都より供奉した。義時嫡女《ちゃくじょ》の婿《むこ》として10月20日の戌《いぬ》の刻（午後8時頃）、大倉の義時居所《きよしょ》の傍らの家に迎えられた。義時嫡女の母は伊賀氏である。翌承久2年（1220）8月6日の子《ね》の刻（午前0時頃）、実雅室は男子を平産した。1年半後の承久4年2月12日には女子も誕生している。

実雅は建保5年（1217）に伊予守《いよのかみ》に任ぜられ、同6年に左少将を兼ねたので伊予少将と呼ばれたが、承久3年（1221）7月28日に伊予守から讃岐守《さぬきのかみ》に遷ると8月23日に讃岐国庁宣始《せんじ》を行ったが、これを奉行したのは二階堂行盛《ゆきもり》であった。行盛は前政所《まんどころ》執事故行光《ゆきみつ》の男、行盛自身も後に政所執事を務めることになる。実雅の讃岐国務は幕府によって支えられていたといっていいのだろう。貞応元年（1224）8月16日、実雅は参議《さんぎ》に任ぜられ、在関東のまま公卿に連なることになった。

伊賀氏と光宗は、系譜をたどると頼朝時代の政所別当《べっとう》源邦業《くになり》に行きつく。邦業の女が藤原光郷《みつさと》の妻となって産んだのが伊賀氏等の父朝光《ともみつ》である。

伊賀氏関係系図

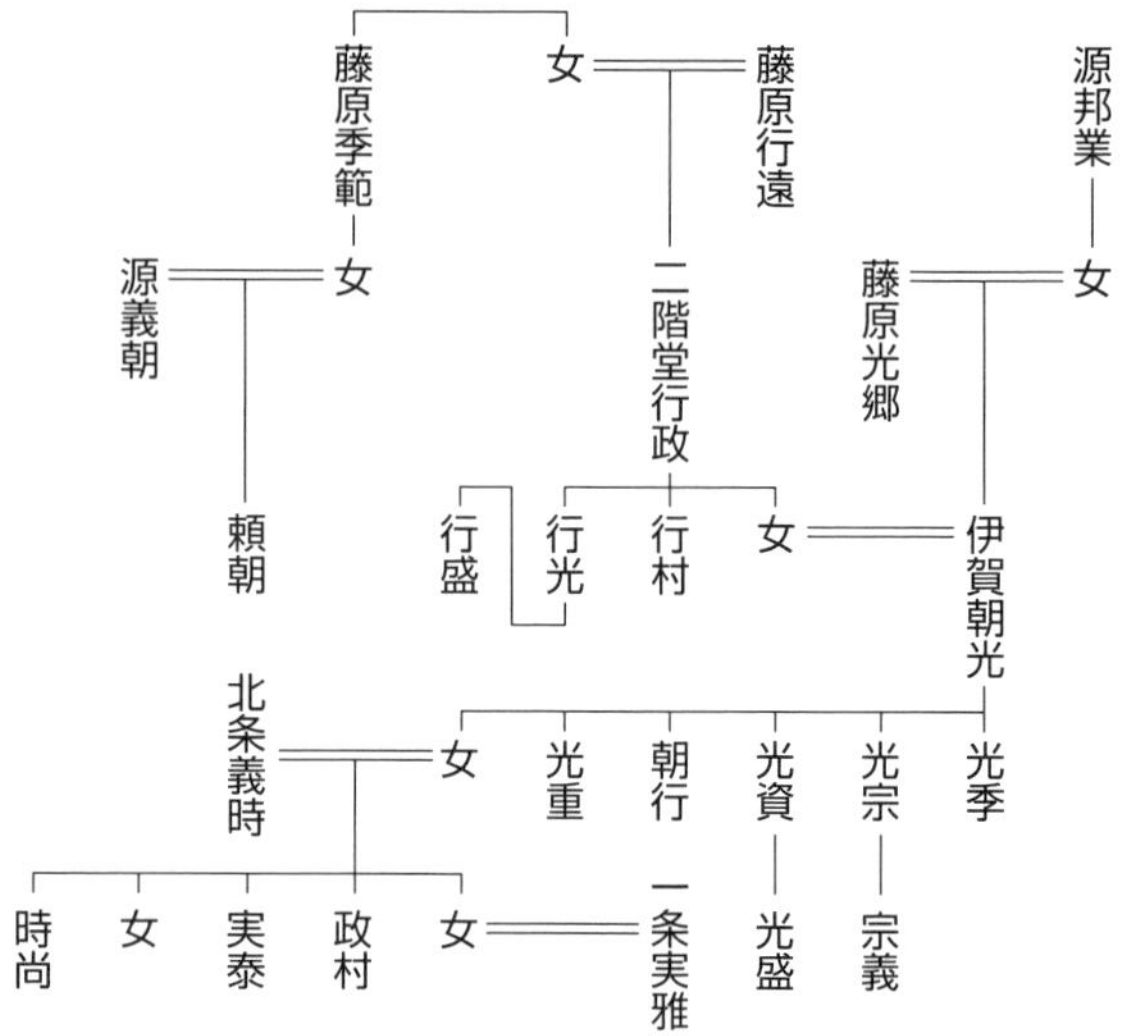

そして朝光は二階堂行政《ゆきまさ》の女を妻とし、建保3年（1214）9月14日に亡くなると、行政の家の後山に葬られた。朝光は承元《じょうげん》4年（1210）に伊賀守に任ぜられたので、伊賀氏が朝光の子孫の称号になった。

承久元年9月6日に光宗が危篤の二階堂行光に代わって政所執事に就任したのは、光宗のこのような系譜を背景としていると思われる。行光は8日に亡くなった。

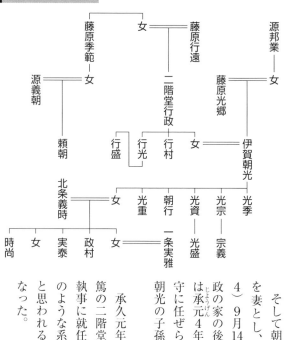

▲関係者の処分

話を貞応《じょうおう》3年（1224）の義時の死後に戻そう。

7月30日の夜、鎌倉中が騒がしく、御家人等が旗を掲げ、甲冑《かっちゅう》を着て走り回った。しかし何事も起こらず、夜明けに騒動は静まった。政子は三寅とともに泰時亭にいたが、夜間の騒動に驚き、月日が改まって閏《うるう》7月1日になってから、三浦義村に使者を送った。「自分はいま若君を抱いて、時房・泰時とともにいる。義村も別にいるべきではない。この所に伺候せよ」という内容であった。

政子は三寅を伴って泰時亭にいることで、泰時支持の立場を明らかにした。義村は政村の元服にあたり加冠の役を務め、名字に「村」の一字を与えているから、政村を扶持《ふち》する立場である。その義村を泰時亭に呼び寄せることで、義村を政村から引き離して泰時を支持させようとしたのであろう。義村はこの招きを断ることができなかった。このほか葛西清重、中条家長、小山朝政、結城朝光等の宿老も召された。

3日、政子の御前において近日の騒動に関する処分が決められた。時房《ときふさ》が参上し、大江広元《おおえひろもと》も病をおして召しに応じた。関実忠《せきさねただ》が記録を取った。実忠は泰時の被官《ひかん》で泰時亭内に宿所を与えられている者である。そして伊賀光宗等が一条実雅を関東将軍に立てる奸謀《かんぼう》があったと認定された。

しかし実雅は公卿であるので、関東で罪科に処すのではなく、身柄を京都に送り、罪名を朝廷に奏上《そうじょう》して伺うこととされた。義時の後室《こうしつ》と光宗は流刑とされ、そのほかの者については、奸謀に与《くみ》した疑いがあっても罪科に問わないこととされた。義時の後継者の地位を泰時と争う立場にあった政村の罪は問われなかったのである。

23日卯《う》の刻（午前6時頃）、一条実雅が上洛のため進発した。伊賀朝行、同光重、同宗義《むねよし》、同光盛等が従った。朝行・光重は光宗の弟、宗義は子息、光盛は甥《おい》である。また源親行《ちかゆき》と伊具盛重《いぐもりしげ》は仰せによらず私的に扈従《こしょう》したが、後にそのことが罪に問われ、出仕を止められ、所領を召し放たれることになる。

29日、伊賀光宗が政所執事を罷免《ひめん》され、所領52カ所を没収され、身柄を二階堂行村に預けられた。行村は光宗の母の兄弟である。光宗の後任の政所執事には二階堂行盛が任命された。

8月14日、一条実雅は入洛した。そのことを報せる六波羅の使者が22日の夕刻に鎌倉に到着した。

『吾妻鏡』は8月29日の条に、義時後室が政子の仰せにより伊豆国北条郡に下向して籠居《ろうきょ》したこと、伊賀光宗が信濃国《しなののくに》に配流されたこと、光宗の弟朝行・光重を京都から直接鎮西《ちんぜい》に配流《はいる》することを六波羅に仰せ遣わしたことを載せる。ただし『吾妻鏡』は日を特定できない出来事を晦日《みそか》の条に載せることがあるので、これらがすべて29日の出来事であるというよりも、8月中の出来事であったと理解しておくべきであろう。京都側の記録である『皇帝紀抄《こうていきしょう》』には、28日に京都で騒動があり、親行・光重が六波羅に召し籠《こ》められたことが載せられている。11月9日、伊賀朝行、同光重は配所の鎮西に赴いた。

一条実雅は9月20日所職《しょしょく》を止められ、10月3日解官《げかん》、5日越前国配流が決められ、10日に下向した。ただし配流は官符《かんぷ》に依らず武士の沙汰《さた》とされた。

実雅は安貞《あんてい》2年（1228）4月29日、33歳で配所において亡くなった。『公卿補任《くぎょうぶにん》』は「河に沈み死去」と記すが、なぜ河に沈んだのかはわからない。越前国守護後藤基綱《もとつな》は5月16日、実雅の死去を幕府に報告した。

飯野八幡宮楼門　福島県いわき市にある飯野八幡宮。源頼義が前九年の役の際に、石清水八幡宮を磐城に勧請して戦勝を祈願したことにはじまるという

復権する伊賀一族

こうして義時死後の混乱に関わる処分は終わったが、翌年7月11日に政子が亡くなると、義時後室と伊賀一族はただちに復権することになる。8月27日、政子追福《ついふく》による恩赦《おんしゃ》を受けた伊賀朝行、同光重が配所より帰参した。12月22日には伊賀光宗が配所より帰参し、本領8カ所を返し賜った。

光宗は寛元《かんげん》2年（1244）から評《ひょう》定衆《じょうしゅう》を務め、康元《こうげん》2年（1257）正月25日、80歳で亡くなった。甥の北条政村が連署《れんしょ》に就任した翌年のことであった。

光宗は宝治《ほうじ》元年（1247）関東御領陸奥国好島庄《よしまのしょう》の預所に補任された。好島庄の総社飯野《いいの》八幡宮の社家《しゃけ》飯野氏は光宗の子孫である。

藤原定家は嘉禄《かろく》元年（1225）11月19日の日記に、実雅の旧妻が近日入洛し唐橋《からはし》通時《みちとき》と結婚するという伝聞情報を記している。『尊卑分脈《そんぴぶんみゃく》』は通時の子通清《みちきよ》の母を「平義時女」と記しているが、実雅の旧妻は通時と再婚して通清を儲けたということであろう。通時は関東に居住したため、寛喜《かんぎ》3年（1231）に不出《ふしゅっし》仕の故を以《もっ》て除籍され、天福《てんぷく》元年（1233）11月23日関東において亡くなった。次の除目《じもく》で蔵人頭《くろうどのとう》に補せられることを通時の姉妹が報せたが、その使者の到着前のことだった。

通時の祖父雅通は内大臣、父通資《みちすけ》は権大納言に上っており、義時の婿《むこ》であり、三浦義村の推挙があったにもかかわらず、年50を過ぎて公卿に到らなかったことを定家は「運の拙《つたな》き、人力にあらざることか」と日記に記している。

定家はまた嘉禄3年2月8日の日記に三位中将西園寺実有《さねあり》が武者小路《むしゃのこうじ》の家に実雅の妻の妹を新妻として迎えたことを記している。実雅の旧妻はすでに通時と再婚してい

法華堂跡　義時が葬られたとされる法華堂跡は、近年行われた発掘調査によって8.4メートル四方の建物跡が発見された

たが、定家は「実雅卿妻」と記している。新妻の母つまり義時後室も前年に入洛《じゅらく》しており、実雅旧妻の妹を競望《けいぼう》する者は多かった。権大納言大《おお》炊御《いのみ》門家嗣《かどいえつぐ》はそのために妻と離別していたし、権中納言堀河具実《ほりかわともざね》もかなり以前のことであるが懇望していた。そのなかで泰時が許したのが実有であったと定家は記している。

実有と実雅旧妻の妹との間には安《あん》貞《てい》2年（1228）に公持が、嘉禎《かてい》元年（1235）に公藤が生まれたが、二人とも権大納言まで上っている。

史料を読む【5】 『吾妻鏡』元仁元年六月十二・十三日・十八日条

義時死す――「まことに大往生。みな哀しみ涙に溺れた」

『吾妻鏡』に描かれる義時逝去の記述からは、当時の人の終焉の迎え方も垣間見えて興味深い。

十二日戊寅《つちのえとら》。雨ふる。辰《たつ》の刻（午前8時頃）、前奥州義時が発病した。ここ最近、御体調がすぐれなかったが、特に心配するほどではなかった。しかし今度はすでに重篤の状態であった。そこで陰陽師《おんみようじ》国道《くにみち》・知輔・親職《ちかもと》・忠業・泰貞等を呼び、卜筮《ぼくぜい》を行わせた。「お命に別状はありません。戌《いぬ》の刻（午後8時頃）には少しよくなられるでしょう」と、一同は、卜筮の結果を報告した。けれども御祈禱《ごきとう》を始めた。天地災変祭を国道と忠業、三万六千神祭《じんさい》を知輔、属星祭を国道、如法泰山府君祭《によほうたいざんふくんさい》を親職がつとめた。これらの祭具は特に定式《じようしき》のとおりに整えられ、十二種の重宝《ちようほう》、五種の身代《みがわり》（馬牛男女装束等である）もすべてそろえられた。このほか、泰山府君祭や天曹地府祭《てんそうちふさい》を志のある人がそれぞれ行った。しかし次第に病は重くなり危篤に及んだ。

十三日己卯《つちのとう》。雨ふる。前奥州の病はもはや危篤に及んだので、駿河守（重時）を使として、そのことを若君（三寅）に申し上げ、お許しをいただいて、今日寅《とら》の刻（午前6時頃）、髪をおろされた。巳《み》の刻（午前10時頃）、あるいは辰《たつ》の刻（午前8時頃）であったか、ついにお亡くなりになった。御年は六十二であった。ここ最近脚気《かつけ》を患っておられた上に暑気に当てられたとのことである。昨日の朝より、弥陀《みだ》の宝号《ほうごう》を唱えつづけ、お亡くなりになるまで中断されることがなかった。丹後律師（頼暁）が善知識《ぜんちしき》として臨終に立会い、外縛印《げばくいん》を結び、念仏を数十反唱えられた後に寂滅《じやくめつ》された。これはまことに大往生というべきである。午《うま》の刻（正午頃）、飛脚が京都に指し遣わされた。また後室が髪をおろされた。荘厳房律師行勇が戒師《かいし》をつとめたという。

十八日甲申《きのえさる》。はれ。戌《いぬ》の刻（午後8時頃）、前奥州禅門の葬送が行われた。故右大将家（頼朝）の法華堂の東の山上が墳墓とされた。葬礼を行うことが親職《ちかもと》に命じられたが辞退し、泰貞もまた必要な文書を所持していないというので、知輔朝臣が取り仕切った。式部大夫（朝時）・駿河守（重時）・陸奥四郎（政村）・同五郎（実泰）・同六郎（有時）と三浦駿河二郎（泰村）および数人の宿老が喪服を着し供奉した。そのほか御家人等が参会し群れを成した。みな哀しみ涙に溺れた。

第5章のまとめ

政子による危機

義時正室の子は政村であるが、政子は義時の後嗣として泰時を支持した。政子は三寅を伴って泰時亭に赴き、三浦義村を呼び寄せ、伊賀光宗が一条実雅を鎌倉殿に戴く陰謀があったとして、実雅・光宗等を処罰した。

逆転の一手

泰時は政子の裁定に従い、実雅・光宗等の処罰を受け入れた。政村の母伊賀氏も伊豆に籠居したけれども、政村は処罰されなかった。1年後に政子が薨去すると、光宗は配所から召し返され、後に評定衆を務めた。政村も泰時とその子孫に実直に仕え、執権を任されるまでになった。

POINT

尼御台所政子の意向は絶対であり、義時も泰時もあえて抗することはなかった。しかしすべて政子と同じ考えであったわけではない。義時は政子に先んじて卒したが、泰時は時期を待って、政治の安定に務めた。

エピローグ

執権《しっけん》政治の形成過程において、義時はどのような位置を占めているのであろうか。執権の役割は、幕府の発給する文書に署判《しょはん》を加えることである。
そのことは、執権の補佐役が連署《れんしょ》と呼ばれたことから明らかであろう。連署は執権と並んで署判を加えたから連署と呼ばれた。連署の役割が執権と並んで署判を加えることであるならば、執権の役割は当然、幕府の発給する文書に署判を加えることであることになる。

承久の乱後、六波羅《ろくはら》に探題《たんだい》が置かれ、モンゴルとの戦争に対応するために鎮西《ちんぜい》に探題が置かれると、六波羅・鎮西の探題の署判による文書も発給されるようになった。六波羅探題が署判を加えたものは六波羅下知状《げちじょう》・六波羅御教書《みぎょうしょ》と「六波羅」を冠して、鎮西探題が署判を加えたものは鎮西下知状・鎮西御教書と「鎮西」を冠して呼ばれた。「関東」の語は、本来は朝廷が幕府を指すのに用いたものであるが、六波羅下知状・六波羅御教書、鎮西下知状・鎮西御教書の名が用いられるようになると、関東下知状・関東御教書は六波羅・鎮西と対比して、関東から執権・連署の署判により発給されるものを意味するようになった。

時政は下知状に署判を加えたが、義時はその地位をそのまま継承したわけではない。時政が失脚してから義時が下知状に署判を加えるまでに、14年間が経過している。実朝《さねとも》の遭難により、将軍が空位になるという危機に直面して、義時の署判による下知状が発給されることになった。あるいはその際に、かつて時政の署判により下知状が発給されたことがあったことが先例とされたのかもしれない。

いずれにせよ、義時の署判により下知状が発給されるようになったことがその後も引き継がれ、泰時の代になって第4代将軍九条頼経《くじょうよりつね》が就任した後も、時房・泰時連署の下知状が発給されつづけることによって、下知状に署判を加える執権・連署の地位が確立したことになる。

時房は連署、執権は泰時であるが、時房は泰時の叔父であり、朝廷から任命されている官位が上（正確に言えば先任）なので、当時の記録においても時房・泰時の順で記されている。その時房・泰時以来、執権・連署の署判により発給され、「鎌倉殿仰《おお》せに依《よ》り」という奉書《ほうしょ》文言を持つ文書に関東御教書があった。

実朝生前の関東御教書の奉者となったのは、建暦3年（1213）ぐらいまでは中原師俊や同仲業、その後は二階堂行光や清原清定であった。

実朝の死後、関東御教書の奉書文言として「鎌倉殿の仰せに依り」の代わりに「陸《む》奥守《つのかみ》殿御奉行《おぶぎょう》に依り」が用いられるようになった。奉者は二階堂行光や清原清定である。つまり関東御教書が執権の署判により発給されるようになったのは、泰時以降である。

ただし、承久の乱後、関東から六波羅に対する伝達に用いられる関東御教書には義時が署判を加えた。同時期に六波羅以外の宛所《あてどころ》に対しては「陸奥守殿御奉行に依り」の奉書文言を持ち、義時以外の奉行人が奉者となる関東御教書が使われているから、義時署判の関東御教書は六波羅に対して、つまり時房・泰時を宛所として例外的に用いられたことになる。

「陸奥守殿御奉行に依り」という奉書文言は、義時が将軍の職務を代行する立場にあることを示すものであるから、義時自身が奉者になるよりも、義時の地位を高く示すものである。

泰時がこの奉書文言を用いなかったのは、頼経が正式に将軍に就任した後であれば「鎌倉殿仰せに依り」の奉書文言を用いるべきであったからであるが、他の奉行人を奉者とせず自身が奉者となった。

自身が奉者になることは、自身の奉行を他の奉行人に奉じさせるよりもへりくだった姿勢である。しかしこの原則として他の奉行人には関東御教書を奉じさせなかったのであるから、へりくだった姿勢をとることで関東御教書に署判を加える権限を執権のものとしたことになる。

関東下知状と関東御教書の両方に署判を加える権限を獲得することで、執権の地位が確立したといえるだろう。

義時・泰時の時代の執権政治は、執権が他の宿老を抑圧して専制権力を掌握するというものではなく、宿老たちのなかで自分は一歩しりぞいてまとめ役を務めるものであった。そういう政治のかたちをつくりあげたのは泰時である。義時の政治もその方向に向かってはいたが、義時はそれを完成させることを急がず、泰時に完成をゆだねたのであった。

北畠親房《きたばたけちかふさ》が『神皇正統記《じんのうしょうとうき》』に記した義時・泰時に対する評論を読んで、本書を閉じることにしよう。

義時にいかなる果報《かほう》があったのか、思いもよらず執権の家業を始め、兵馬の権を執ったのは稀有《けう》のことではないか。しかし義時に特別な才徳があったとは聞いていない。また驕《おご》りの心が生じたせいであろうか、承久の乱から中2年ほどで身まかった。泰時はその後を継いで、徳政を先として、法令を整えた。自分の身の程をわきまえるだけでなく、親族やすべての武士を誡《いまし》めて、高位高官を望む者もなかった。しかし、そのまつりごとがだんだんに衰え、ついに滅びたのは天命によるものであろう。7代まで保たれたことこそ、泰時の余慶《よけい》というべきで、恨むところはないというべきである。

（了）

北条義時関連年表

和暦	西暦	年齢	義時の動き	一般事項
永暦元	1160			3月、源頼朝、伊豆に配流。
長寛元	1163	1	誕生。父北条時政、母伊東祐親女。	
治承4	1180	18	8月、石橋山敗戦後、時政とともに甲斐に逃れる。10月、黄瀬川において頼朝軍に合流。	8月、頼朝挙兵、石橋山合戦。10月、富士川合戦。12月、頼朝、鎌倉大倉新御所に入る。
養和元	1181	19	4月、頼朝の寝所に伺候する11人に加えられる。	2月、足利義兼、時政女と結婚。閏2月、平清盛薨去。
寿永元	1182	20	11月、頼朝と対立した時政の伊豆下向に従わず。	8月、政子、頼家を出産。
寿永2	1183	21	義時男泰時誕生。	7月、平氏都落ち。8月、後鳥羽天皇登位。10月、頼朝の東国支配を認める宣旨。
元暦元	1184	22	8月、範頼に従い平氏追討に出陣。	1月、義仲滅亡。2月、一の谷合戦。
文治元	1185	23	2月、周防より豊後に渡り、葦屋浦において原田種直等と戦う。10月、勝長寿院供養に供奉。	2月、屋島合戦。3月、壇ノ浦合戦。11月、義経没落。時政、上洛。いわゆる守護地頭勅許。
文治2	1186	24	7月、駿河国富士領上政所福地社に対する神田寄進を沙汰する。	3月、九条兼実、摂政に就任。時政、鎌倉に帰る。5月、源行家追討。10月、謀反人跡を除き地頭停止。
文治3	1187	25		2月、義経、陸奥に到り、藤原秀衡に依る。10月、秀衡卒。
文治4	1188	26	7月、頼家の着甲始に伺候。	2月、義経追討の宣旨が秀衡子息等に下される。
文治5	1189	27	7月、駿河国富士御領帝釈院に対する田地寄進を沙汰する。頼朝の奥羽侵攻に従軍。	4月、北条時房元服。閏4月、義経滅亡。8月、頼朝、平泉を制圧し、藤原泰衡を滅ぼす。12月、永福寺の建立を始める。

建久元	1190	28	10月～12月、頼朝の上洛に供奉。	11月、頼朝、権大納言・右近衛大将に任ぜられ、12月辞任。この年、時政妻牧氏、政範を出産。
建久2	1191	29	2月、頼朝の二所参詣に供奉。3月、鎌倉大火、鶴岡宮・御所・義時小町亭等を焼く。7月、頼朝の新御所移徙に供奉。11月、鶴岡宮遷宮、頼朝の参詣に供奉。	3月、朝廷、新制を定む。
建久3	1192	30	8月、実朝の誕生により護刀を献ず。9月、比企朝宗女姫前と結婚。	3月、後白河法皇崩御。7月、頼朝、征夷大将軍に任ぜらる。
建久4	1193	31	病により伊豆逗留、3月鎌倉に帰参。3月～4月、頼朝の那須野巻狩に供奉。5月、頼朝の富士巻狩に供奉。10月、頼家、義時新造亭を訪れる。	5月、曾我祐成・時致、富士巻狩の最中、工藤祐経を討つ。8月、範頼、伊豆に追われ、ついで誅される。
建久5	1194	32	2月、泰時元服。政子、義時亭を訪れる。7月、願成就院修理のため伊豆に下向。8月、安田義定梟首され、同屋敷を義時に給わる。11月、三島社奉幣の使節を務める。12月、永福寺新造薬師堂供養。頼朝の参詣に供奉。この年、姫前、義時男朝時を出産。	
建久6	1195	33	2月～7月、頼朝の上洛に供奉。7月～8月、稲毛重成妻（義時姉妹）卒去の軽服により伊豆下向。	
建久7	1196	34		11月、九条兼実、関白を罷免される。
建久9	1198	36	6月、姫前、義時男重時を出産。	1月、後鳥羽天皇、土御門天皇に譲位。
正治元	1199	37	4月、頼家の親裁を停止し、義時を含む13人の談合に依ることが定められる。6月、頼朝女三幡の葬送に供奉。	1月、頼朝薨去。頼家、頼朝の遺跡を継承する。12月、梶原景時、鎌倉を追われる。
正治2	1200	38	5月、伊佐朝政女、義時男有時を出産。	1月、景時滅亡。三浦義澄卒。4月、時政従五位下遠江守に叙任。

建仁元	1201	39	1月、頼家の使として鶴岡宮に奉幣。7月、御所において百日鞠を始める。義時、見証を務める。9月、鶴岡放生会、頼家の参詣に供奉。	1月〜4月、越後城氏の乱。
建仁2	1202	40	8月、泰時、三浦義村女と結婚。9月、三島社祭の奉幣使を務める。	
建仁3	1203	41	2月、実朝の鶴岡参詣を扶持。4月、鶴岡宮祭に奉幣使を務める。9月、政子の命に依り一幡の御所を攻める。実朝を時政亭から迎え取り、政子亭に移す。	9月、時政、比企能員を討つ。実朝、従五位下征夷大将軍に叙任。頼家、伊豆修禅寺に幽閉される。10月、平賀朝雅、京都守護として上洛。実朝、右兵衛佐に任ぜらる。
元久元	1204	42	1月、二所奉幣使を務める。2月、実朝の由比浜遊覧に供奉。3月、従五位下相模守に叙任。7月、家人の反乱を鎮圧。9月、実朝、義時亭を訪う。	1月、実朝、従五位上、3月右近少将。3月〜4月、平賀朝雅、伊賀・伊勢の平氏を追討する。7月、頼家、殺害される。
元久2	1205	43	6月、畠山重忠を討つ。伊賀朝光女、義時男政村を出産。宿願により鶴岡供僧に大般若経一部を一日中転読させる。閏7月、時政を伊豆に引退させる。8月、宇都宮頼綱、出家し、髻を義時に献ず。	正月、実朝、正五位下、ついで加賀介、2月左近中将。閏7月、平賀朝雅、在京武士に討たれる。
建永元	1206	44	2月、実朝、雪見のため名越の義時山荘を訪れる。5月、祭主大中臣能隆の加藤光員に対する訴訟を大江広元・三善康信とともに沙汰する。6月、御所南庭における相撲に伺候する。10月、朝時元服。	2月、実朝、従四位下。
承元元	1207	45	1月、従五位上。実朝の二所参詣に供奉。4月、実朝の病により義時亭において転読大般若経を行う。6月、天野遠景より恩賞所望の申状を受ける。8月、鶴岡放生会供奉辞退の輩について、時房・広元・康信・二階堂行光等と評議。	1月、実朝、従四位上。
承元2	1208	46	7月、鶴岡神宮寺の上棟に臨む。12月同神宮寺薬師像開眼供養に臨む。この年、伊賀氏、義時男実泰を出産。	12月、実朝正四位下。

承元3	1209	47	3月、鶴岡宮一切経会に奉幣使を務める。5月、御所の怪異に依り、頼朝法華堂で修された梶原景時慰霊の仏事に参ず。8月、鶴岡放生会に奉幣使を務む。11月、義時の諫言により小御所において切的が行われる。鶴岡神宮寺常灯に駿河国益頭庄の年貢を充てることを命ぜらる。年来の郎従のうち功ある者が侍に准じられることを実朝に請い、しりぞけられる。	4月、実朝、従三位。5月、和田義盛、上総国司を望むも保留。実朝、右中将。11月、諸国守護人の緩怠につき評議。義盛の所望につき内々の計らい、左右を待つべきことを仰せらる。12月、近国守護補任の下文が提出される。
承元4	1210	48	3月、義時室の熊野参詣のため、路次の雑事が地頭に賦課される。6月、土肥・小早川一族と松田・河村一族の喧嘩により、今後の闘争を戒めることを奉行。7月、上総在庁の訴訟を広元・康信とともに沙汰。	11月、土御門天皇、順徳天皇に譲位。
建暦元	1211	49	1月、垸飯を献ず。実朝の御行始に義時亭が使われる。12月、義時知行の神社仏寺興行。	1月、実朝、正三位。
建暦2	1212	50	1月、垸飯を献ず。2月、実朝・政子の二所参詣に供奉。3月、実朝の三浦三崎渡御に供奉。5月、朝時を義絶。7月、御所の造替を広元とともに沙汰し、千葉成胤に命ず。	12月、実朝、従二位。
建保元	1213	51	1月、垸飯を献ず。義時亭において神社仏寺以下吉事始。実朝の二所参詣に供奉。2月、閑院内裏造営の賞により正五位下に叙せらる。4月、胤長屋地が義盛より召し返され、義時に給う。5月、和田の乱。義時、侍所別当に補せらる。10月、実朝、方違のため義時亭に入る。12月、政村元服。	2月～3月、泉親衡等の陰謀が摘発され、関係者が処罰される。2月、実朝、正二位（閑院造営の賞）。3月、和田義盛、甥胤長の赦免を願うも許されず。胤長、陸奥国岩瀬郡に配流。義盛、胤長の屋地を給う。
建保2	1214	52	9月、実朝の二所参詣に供奉。10月、実泰元服。	1月、実朝、美作権守。
建保3	1215	53	8月～11月、地震と鷺の怪により、怪を避けるの間、義時、本亭を実朝に譲り、他所に移る。10月、桑糸50疋を実朝に進上。12月、願成就院南新御堂供養。	1月、時政卒。9月、伊賀朝光卒。
建保4	1216	54	1月、正五位下。9月、広元を使として、実朝の官位昇進を諫める。	6月、実朝、権中納言に任ぜられ、7月左近中将を兼ねる。

建保5	1217	55	1月、右京権大夫に任ぜらる。12月、陸奥守を兼ねる。	6月、公暁を鶴岡別当に補す。
建保6	1218	56	7月、鎌倉大倉郷に薬師堂を建立。12月、大倉薬師堂において薬師像を供養。	1月、実朝、権大納言に任ぜらる。3月、実朝、左近大将・左馬寮御監を兼ねる。10月、実朝、内大臣に任ぜらる。12月、実朝、右大臣に任ぜらる。
承久元	1219	57	2月、鶴岡宮領武蔵国熊谷郷への寺使入部を停む。大倉薬師堂参詣。天下泰平を祈り天地災変祭を修す。10月、義時女、一条実雅と結婚。	1月、実朝暗殺。7月九条道家男三寅、鎌倉に下向。後鳥羽上皇、大内守護源頼茂を討つ。
承久2	1220	58	8月、義時女、実雅男を出産。	
承久3	1221	59	5月~6月、承久の乱。11月、伊賀氏、義時女を出産。	4月、順徳天皇、仲恭天皇に譲位。7月、仲恭天皇廃位、後堀河天皇登位、後高倉院院政。
貞応元	1222	60	2月、義時女、実雅女を出産。3月、陸奥平賀郡平賀郷内の曾我惟重の所領を別納請所とする。8月、陸奥守を辞す。9月、寝殿坤角に放火さる。12月、伊賀氏、義時男時尚を出産。	4月、幕府、諸国守護・新地頭の非法禁制を定む。
貞応2	1223	61	1月、駒10疋を三寅に進上。6月、義時造営の駿河富士浅間宮遷宮。7月、鶴岡若宮回廊において一日百部法華経書写供養を行う。8月、平賀郷内曾我惟重領に対する検非違所政所下部等の乱入を停める。10月、三浦義村の田村別荘に臨む。12月、本亭に光物あるにより大倉薬師堂において祈祷を始め、鶴岡に神馬を奉る。	6月、宣旨により新補率法定めらる。
元仁元	1224	62	3月、三寅亭の変異により百日泰山府君祭を行う。6月、卒。	6月、泰時、鎌倉帰還。閏7月、一条実雅、京都に送還。伊賀光宗、政所執事罷免。8月、伊賀氏、伊豆北条に籠居。光宗、信濃に配流。10月、実雅、越前に配流。
嘉禄元	1225			7月、政子薨去。12月、伊賀光宗帰参。

旧国名・都道府県対照図

旧国名	現都府県名
駿河	静岡
伊豆	
遠江	
三河	愛知
尾張	
美濃	岐阜
飛騨	
信濃	長野
甲斐	山梨
越後	新潟
佐渡	
越中	富山
加賀	石川
能登	
越前	福井
若狭	

旧国名	現都府県名
陸奥	青森
	岩手
	宮城
	福島
出羽	秋田
	山形

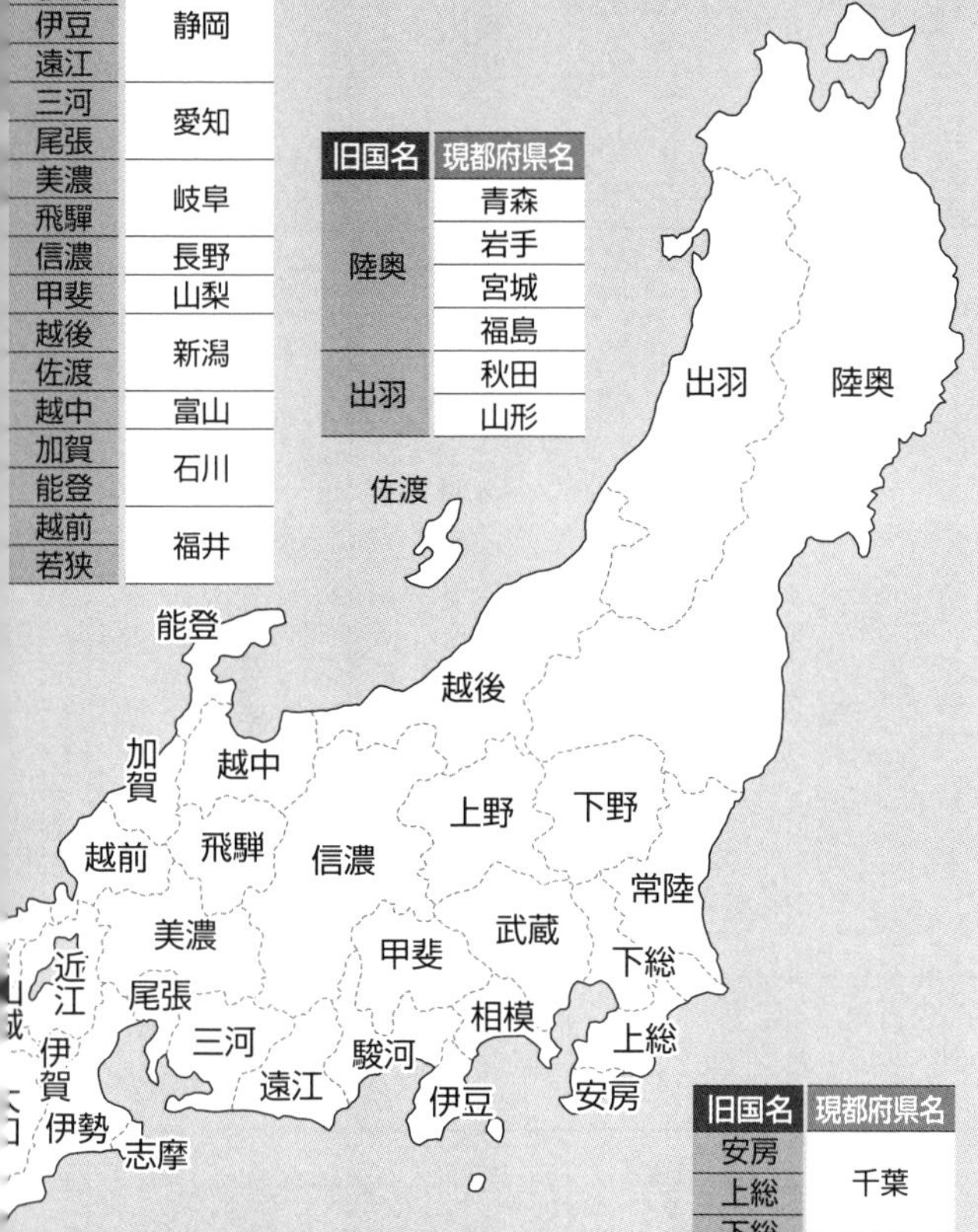

旧国名	現都府県名
安房	千葉
上総	
下総	
常陸	茨城
下野	栃木
上野	群馬
武蔵	埼玉
	東京
相模	神奈川

旧国名	現都府県名
筑前	福岡
筑後	
豊前	
豊後	大分
肥前	佐賀
壱岐	長崎
対馬	
肥後	熊本
日向	宮崎
薩摩	鹿児島
大隅	
琉球	沖縄

旧国名	現都府県名
阿波	徳島
土佐	高知
伊予	愛媛
讃岐	香川
備前	岡山
美作	
備中	
備後	広島
安芸	
出雲	島根
石見	
隠岐	
因幡	鳥取
伯耆	
周防	山口
長門	

旧国名	現都府県名
近江	滋賀
山城	京都
丹後	
丹波	
但馬	兵庫
播磨	
淡路	
摂津	
和泉	大阪
河内	
大和	奈良
紀伊	和歌山
伊勢	三重
伊賀	
志摩	

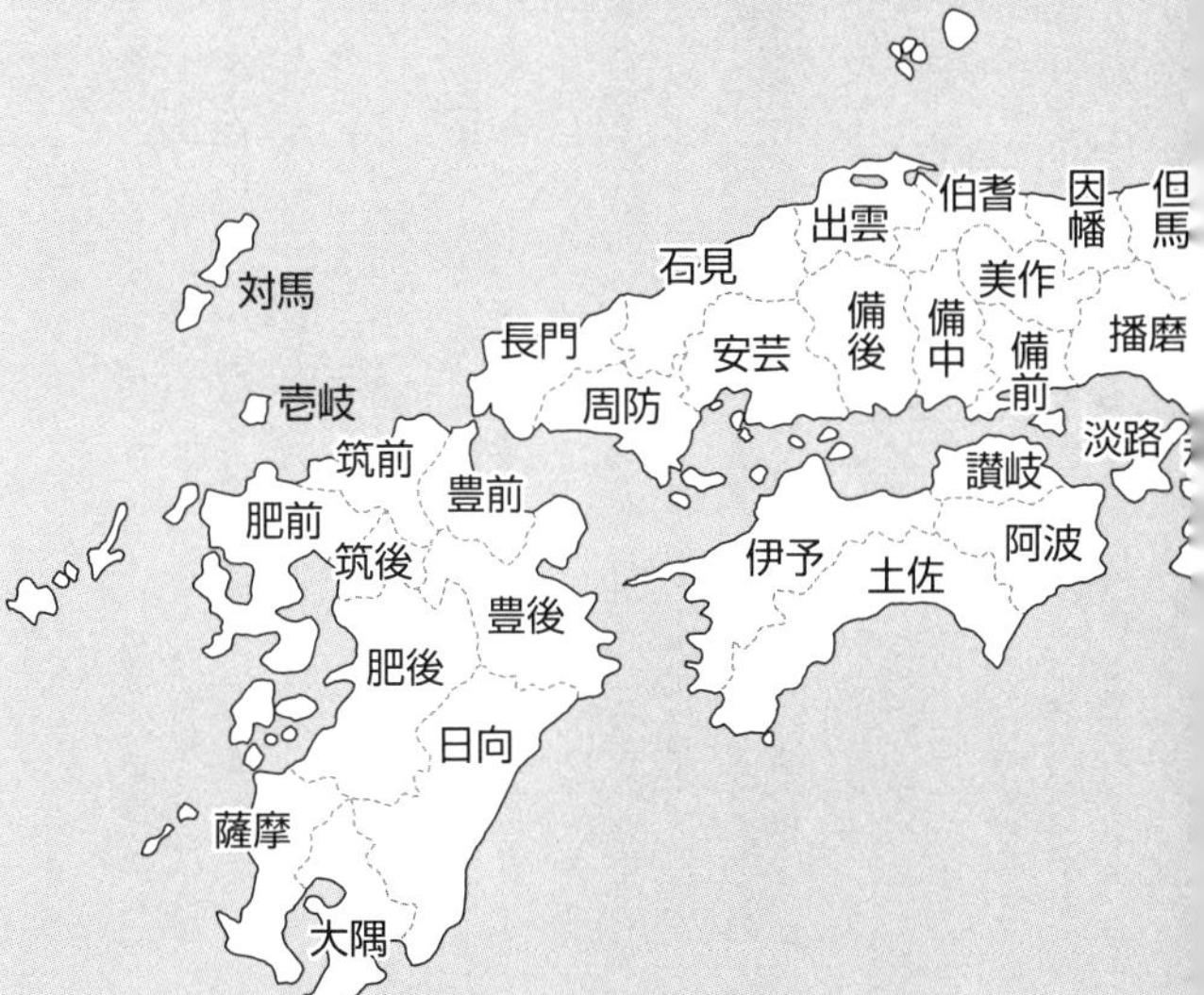

参考文献

池谷初恵『鎌倉幕府草創の地・伊豆韮山の中世遺跡群』新泉社、２０１０年／上横手雅敬『日本中世政治史研究』塙書房、１９７０年／岡田清一『北条義時』ミネルヴァ書房、２０１９年／河内祥輔『日本中世の朝廷・幕府体制』吉川弘文館、２００７年／五味文彦『増補　吾妻鏡の方法』吉川弘文館、２０００年／五味文彦『鎌倉時代論』吉川弘文館、２０２０年／近藤成一『鎌倉幕府と朝廷』岩波新書、２０１６年／近藤成一『鎌倉時代政治構造の研究』校倉書房、２０１６年／坂井孝一『源実朝』講談社選書メチエ、２０１４年／坂井孝一『承久の乱』中公新書、２０１８年／坂井孝一『源氏将軍断絶』ＰＨＰ新書、２０２１年／佐藤進一『日本の中世国家』岩波文庫、２０２０年／杉橋隆夫「鎌倉執権政治の成立過程」御家人制研究会編『御家人制の研究』吉川弘文館、１９８１年／杉橋隆夫「執権・連署制の起源」『立命館文学』425-426合併号、１９８０年／関幸彦『承久の乱と後鳥羽院』吉川弘文館、２０１２年／平雅行編『公武権力の変容と仏教界』清文堂出版、２０１４年／髙橋秀樹『三浦一族の研究』吉川弘文館、２０１６年／永井晋『鎌倉幕府の転換点』吉川弘文館、２０１９年／永井晋『鎌倉源氏三代記』吉川弘文館、２０１０年（オンデマンド２０２１年）／長村祥知『中世公武関係と承久の乱』吉川弘文館、２０１４年／野口実『増補改訂　中世東国武士団の研究』戎光祥出版、２０２１年／野口実編『治承～文治の内乱と鎌倉幕府の成立』清文堂出版、２０１４年／北条氏研究会編『北条氏発給文書の研究』勉誠出版、２０１９年／安田元久『北条義時』吉川弘文館、１９６１年／湯山賢一「北条義時執権時代の下知状と御教書」『國學院雑誌』80-11、１９７９年／湯山賢一「北条時政執権時代の幕政文書」小川信編『中世古文書の世界』吉川弘文館、１９９１年

史料

大隅和雄訳『愚管抄　全現代語訳』講談社学術文庫、２０１２年／五味文彦他編『現代語訳　吾妻鏡』全16巻・別巻1巻、吉川弘文館、２００７-２０１６年／明月記研究会編『明月記研究』八木書店　9号（２００４年）に建暦3年5月条、10号（２００５年）に元久2年5月-閏7月条の本文・訓読・大意・注解と重要事項についての解説を載せる。

近藤成一（こんどう・しげかず）
放送大学教授、東京大学名誉教授、博士（文学）
1955年東京都生まれ。1980年東京大学文学部卒、1982年同大学院人文科学研究科修士課程修了。東京大学史料編纂所助手、助教授を経て、2000年教授。2016年より現職。専攻は日本中世史。
主な著書に『鎌倉時代政治構造の研究』（校倉書房、2016）、『鎌倉幕府と朝廷』（岩波新書、2016）など。

知的生きかた文庫

執権《しっけん》　北条《ほうじょう》　義時《よしとき》

著　者　近藤成一《こんどうしげかず》
発行者　押鐘太陽
発行所　株式会社三笠書房
〒一〇二―〇〇七二　東京都千代田区飯田橋三―三―一
電話〇三―五二二六―五七三四〈営業部〉
　　〇三―五二二六―五七三一〈編集部〉
https://www.mikasashobo.co.jp
印刷　誠宏印刷
製本　若林製本工場

ISBN978-4-8379-8755-0 C0121

知的生きかた文庫

仕事も人間関係もうまくいく放っておく力

枡野俊明

いちいち気にしない。反応しない。関わらない——。わずらわしいことを最小限に抑えて、人生をより楽しく、快適に、健やかに生きるための、99のヒント。

超訳　孫子の兵法「最後に勝つ人」の絶対ルール

田口佳史

ライバルとの競争、取引先との交渉、トラブルへの対処……孫子を知れば、「駆け引き」と「段取り」に圧倒的に強くなる！　ビジネスマン必読の書！

超訳　般若心経〝すべて〟の悩みが小さく見えてくる

境野勝悟

般若心経には、〝あらゆる悩み〟を解消する知恵がつまっている。小さなことにとらわれず、毎日楽しく幸せに生きるためのヒントをわかりやすく〝超訳〟で解説。

渋沢栄一　うまくいく人の考え方

渋沢栄一［著］　竹内　均［編・解説］

日本近代経済の父といわれた渋沢栄一による、中国古典『論語』の人生への活かし方。名著『実験論語処世談』が現代語訳でよみがえる！　ドラッカーも絶賛の渋沢哲学!!

苦境と逆転の知将　明智光秀の生涯

外川　淳

明智光秀はその生涯で、多くの「苦境」に直面したが、そのたびに知略をめぐらし「逆転」してきた。信長に最も信頼された男、光秀の波瀾の生涯を追う「歴史ミステリ捜査」！

C50438